AF448696

التضمين العروضي

تحولات البنية في الشعر العربي المعاصر

محمد الطحناوي

التضمين العروضي

تحولات البنية في الشعر العربي المعاصر

إصدارات دائرة الثقافة، حكومة الشارقة 2022م

الناشر: دائرة الثقافة ـ حكومة الشارقة ـ الإمارات العربية المتحدة

الهاتف: 5123333 6 971+

البرّاق: 5123303 6 971+

الموقع الإليكتروني: www.sdc.gov.ae

البريد الإليكتروني: sdc@sdc.gov.ae

811.009

ط م. ت

الطحناوي، محمد

التضمين العروضي : تحولات البنية في الشعر العربي المعاصر / محمد الطحناوي .ـالشارقة، الإمارات العربية المتحدة : دائرة الثقافة، 2022.

164 ص؛ 21X14 سم.

1 ـ الشعر العربي ـ تاريخ ونقد

2 ـ الأوزان الشعرية

3 ـ اللغة العربية ـ العروض والقوافي

أ ـ العنوان

ISBN: 9789948826354

رؤية جديدة لشعرية التضمين العروضي

اختار الباحث الدكتور محمد الطحناوي لكتابه، إحدى القضايا الاستشكالية في سياق الحضور النصي وتحولات البنية والدلالة في الشعر العربي المعاصر، عبر استقراء شعرية التضمين العروضي. من خلال تجاوز الكثير من التضمينات، والتي لم تستحضر القافية، ضمن امتدادات الدلالة والتركيب، وفي غياب الوعي النقدي بفهم الظاهرة الشعرية المعاصرة. رؤية جديدة، يقترحها هنا الناقد الطحناوي، في استحضار لحاجة معرفية تطلبتها «الفاعلية الشعرية، التي كانت محكومة بمعايير ترفض استمرار الدلالة في التدفّق».

لكن معطيات تتعلق بالجدة، فيما تطرحه نبات الإيقاع في الشعر المعاصر، وما أسست له على مستويات تتعلق بالنسق النحوي، وتحريره من كيانه المغلق، وأيضاً الأسئلة الجديدة التي أمست تسائل بلاغات الخطاب، جميعها أضحت تطرح دعوة لتجديد «الواقع النصي الجديد للتضمين». فتأمل هذه الظواهر الأخرى الجديدة، كالقافية والتدوير، والتركيز على محورية القافية على ضوء مستجداتها في

المتن الشعري المعاصر، وإعادة النظر في شعرنا العربي القديم، من كوة ما تفتحه سياقات بلاغة الخطاب المحدثة.

هذا الواقع الجديد، أضحى يطرح على الباحثين مستويات عدة لحضور ظاهرة التضمين العروضي، وشعرياته، وفق ما يقترحه من رؤية جديدة للمقاربة والتمحيص النظري، وانتقاله إلى المنجز النصي، من أجل استكناه بعض من تمظهراته النصية والشكلية والفنية. ولعل رصد ظاهرة التضمين، على ضوء ما يقترحه الباحث محمد الطحناوي، يؤدي لا محالة إلى مراجعة الكثير من فرضيات التحليل الإيقاعي لقصيدتنا العربية المعاصرة، وأيضاً، يوضح القصور النظري، في مناقشة هذه الظاهرة نقدياً، قديماً وحديثاً.

إن اختيار هذا الكتاب النقدي للباحث محمد الطحناوي، جزء من انشغال عميق بقضايا وأسئلة الشعر المغربي والعربي، ضمن منظورات مختلفة، تحاول جاهدة أن تلامس صلب الأسئلة، والإشكالات العميقة لخطابنا الشعري. ولعل المتتبع للنقاش النقدي الدائر، حول شعرية التضمين العروضي، يؤسس لهذا الأفق من خلال حلحلة العديد من اليقينيات والبديهيات، التي تحكمت في مقارباتنا لهذه الظاهرة، في المنجز الشعري العربي القديم والمعاصر.

وحين اختار الباحث الطحناوي خوض غمار هذه المغامرة النقدية، فهو يستحضر أن ظاهرة التضمين قد شغلت حيّزاً مهماً من النقاش النقدي القديم والمعاصر، لارتباطها بوحدة البيت في النقد القديم، والوحدة العضوية في النقد الحديث، إلى جانب القصور في الدراسة النصية لها، وفي فهم الحضور المعاصر لها داخل المنجز

الشعري المعاصر. كما أنه وقع تحوّل في مجموعة من الظواهر الإيقاعية، القافية والتدوير خصوصاً، مما أثّر بشكل كبير في التضمين العروضي. ولعل هذا الحضور المختلف في القصيدة المعاصرة، هو ما أفرز مفهوماً مختلفاً لكلتا الظاهرتين: التضمين والتدوير، هذا الأخير الذي تغيّر مفهومه في القصيدة المعاصرة، فأثر في القافية من جهة، وأدى إلى حصول خلط بينه وبين التضمين من جهة ثانية.

يدعونا الناقد محمد الطحناوي إلى ضرورة «استحضار التفاعلات بين القافية والتدوير، بل ضرورة ضبط الحضور المعاصر للقافية في الشعر المعاصر، لأن القافية مفتاح فهم التضمين، وتمييزه عن التدوير». وبما أنّ معظم الدراسات الخاصة بالتضمين العروضي المعاصر لا تستحضر هذه الأمور، فقد خصّص، الباحث، هذا الكتاب لـ«تجاوز القصور الذي حصل في دراسات سابقة له».

لقد اخترنا أن يكون كتاب الناقد محمد الطحناوي ضمن ما يمارسه من «نقد النقد في النقاش النظري القديم والمعاصر حول التضمين العروضي»، محاولة لإعادة قراءة «بعض نماذج حضوره النصي باستدعاء الأسلوبية وبلاغة الخطاب المحدثة». لكن مع استحضار لشكل الحضور النصي المعاصر لظاهرة التضمين، وعلى هذا الأساس، أصبح فهم التضمين العروضي، يستلزم ضبط الحضور المعاصر للقافية والتدوير كما يطرحهما هذا الكتاب، والذي نأمل أن يؤسس لنقاش نقدي يفيد أفق شعريتنا العربية وأسئلتها.

دار الشعر بمراكش

مدخل

شغلت ظاهرة التضمين حيّزاً مهماً من النقاش النقدي القديم والمعاصر، لارتباطها بوحدة البيت في النقد القديم، والوحدة العضوية في النقد الحديث، غير أنّ المتتبع للنقاش الدائر حول الظاهرة، يلاحظ بما لا تخطئه العين، قصوراً في الدراسة النصية لها، وفي فهم الحضور المعاصر لها داخل المنجز الشعري المعاصر، وذلك بسبب كسر نظام الشطرين الذي عرفه البيت الشعري، إذ باعتماد السطر الشعري بدله، وقع تحوّل في مجموعة من الظواهر الإيقاعية، ونخص منها تحديداً القافية والتدوير، فهاتان الظاهرتان، أثّرتا بشكل كبير في التضمين العروضي، فهو مرتبط بالقافية، التي أصبح لها حضور مختلف في القصيدة المعاصرة، لا يستوعبه معظم الدارسين، والأمر نفسه ينطبقُ على التدوير الذي تغيّر مفهومه في القصيدة المعاصرة، فأثر في القافية من جهة، وأدى إلى حصول خلط بينه وبين التضمين من جهة ثانية، ومن ثم أصبح أيّ حديث عن ظاهرة التضمين في القصيدة المعاصرة، يستلزم استحضار التفاعلات بينها وبين القافية والتدوير، بل ضرورة ضبط الحضور المعاصر للقافية

في الشعر المعاصر، لأن القافية مفتاح فهم التضمين، وتمييزه عن التدوير. وبما أنّ معظم الدراسات الخاصة بالتضمين العروضي المعاصر لا تستحضر هذه الأمور، فقد خصّصنا هذا الكتاب لتجاوز القصور الذي حصل في دراسات سابقة له.

إنّ ظاهرة التضمين العروضي، وعلى عكس ما كان في الشعر القديم، استشرت في القصيدة العربية المعاصرة بشكل لافت، ولم يكن غائباً عن شعرائها أنّ القدماء صنّفوها ضمن عيوب القافية، بل إنّ منهم من وسّع من دائرة العيب فيها لتشمل الشعر بأكمله، لكنهم مع ذلك استدعوها في منجزهم بكثافة لا تخلو من مقصدية ومن دلالة، نظر إليها الكتّاب من زاوية أنّ ما كان يعدّ عيباً مستقبحاً لدى القدماء، أصبح مستحسناً عند شعراء القصيدة المعاصرة ومطلوباً، وفَرَضَ نفسه باعتباره شكلاً جديداً من أشكال التجريب، بل إنّ بعض القراءات المعاصرة تعيد النظر حتّى في ما صدر من أحكام سلبية حول نماذج تضمينية بارزة، برزت في مراحل متقدّمة من تاريخ النقد العربي.

هذا الكتاب إذن، يمارس النقد ونقد النقد في النقاش النظري القديم والمعاصر حول التضمين العروضي، ويعيد قراءة بعض نماذج حضوره النصي المصنفة في خانة العيوب، باستدعاء الأسلوبية وبلاغة الخطاب المحدثة. كما يحرص على إبراز شكل الحضور النصي المعاصر لظاهرة التضمين، إذ بدا لنا أنّه غير واضح في الآراء النقدية المعاصرة، وأنّ الأخيرة لا تأخذ بعين الاعتبار صلة التضمين بالقافية قديماً، وهي صلة وقع إغفالها في الدراسات المعاصرة

للتضمين، بل حتى عندما تؤخذ القافية بعين الاعتبار، لا يؤخذ أثر ظاهرة أخرى في قافية النص الشعري المعاصر هي التدوير، بحيث ينعكس أثر التدوير على القافية، فينعكس بذلك على التضمين، وهو ما يثبته الحضور النصي المعاصر، لكن النقد لم يكن في مستوى النص الشعري المعاصر، إذ أصبح فهم التضمين العروضي، يستلزم ضبط الحضور المعاصر للقافية والتدوير كما يطرحهما هذا الكتاب، وكل ذلك يرد بتفصيل في مواضعه.

التضمين في الشعرية القديمة

حدوده وضوابطه

1 – مفهوم التضمين في المدونات القديمة:

التضمين مبحث من مباحث النحو والبلاغة والعروض، وإذا كان في النحو مما يُتقبّل ويُؤنس به، لأنّه «فصل في العربية لطيفٌ حسنٌ، يدعو إلى الأنس بها والفقاهة فيها»[1]، وفي البلاغة غير معيب لأنّ المعيب منه لا تعلّق له بعلم البديع[2]، فإنّه في العروض معدود في عيوب القافية. وكونه مبحثاً مشتركاً بين هذه العلوم الثلاثة، لا يعني أنّ له دلالة مشتركة بينها، بل على النقيض من ذلك[3]. ففي لسان العرب لابن منظور: «المضمّن من الشعر ما ضمّنته بيتاً، وقيل: لم تتم معاني قوافيه إلا في البيت الّذي يليه»[4]، فابن منظور هنا يشير إلى التضمين البلاغي في بداية تعريفه، وإلى التضمين العروضي في نهايته، ندل على الأخير عبارة «معاني قوافيه»، ذلك أنّ التضمين العروضي مرتبط بعلم القافية لدى علماء العروض، وتحديداً بباب عيوب القافية، وهذا أمر وجب استحضاره في أيّ حديث عن التضمين العروضي.

وقف جماعة من الشعريين القدامى عند مفهوم التضمين، وبشكل خاص علماء العروض، مشدّدين على أنّه عيب يتصل بالقافية ويرتبط بها، قال ابن عبّاد: «هو أن تتعلق قافية البيت الأول بالبيت الثاني»[5].

وقال الجوهري: «وأما التضمين، فهو أن تكون القافية ناقصة المعنى، ويكون تمام المعنى في البيت الثاني»[6]. كذلك ابن عبد ربه يشير إلى ارتباطه بالقافية، قال: «وأما المضمن، فهو ألا تكون القافية مستغنية عن البيت الذي يليها (...) وهذا قبيح، لأنّ البيت الأول متعلق بالبيت الثاني لا يستغني عنه»[7]. والسكاكي هو الآخر يؤكد ارتباطه بالقافية، قال: «وأما التضمين المعدود في العيوب، فهو تعلق معنى آخر البيت بأول الذي يليه»[8]، ثم استشهد له بمثال وقال: «فعلّقه بالقافية على ما ترى»[9] ويفصّل ابن الفرخان بشكل أوضح في ارتباط التضمين بالقافية، فيقول: «وههنا عيب آخر، وهو أنّ البيت إذا استكمل القافية، ولم يستكمل المعنى الذي بني عليه، بل إنما يكمل المعنى ببعض ما بعده من الأبيات، سمّي مضمناً. فالتضمين عيب، وهو أيضاً عدم كمال ما للبيت من حيث هو مقفى، وذلك الكمال هو تمام المعنى بتمام القافية»[10].

إنّ هذه الآراء وغيرها كثير، تشدّد على ارتباط التضمين بالقافية، حيث إنّ الشاعر يقفّي البيت والمعنى لم يكتمل بعد، بل يظلّ متعلقاً بالقافية ولا ينتهي إلا في البيت الموالي، أو قد يستمر إلى غيره، وعدم انتهائه بانتهاء القافية يعدّ عيباً، فالمقياس المعتمد هنا، في اعتبار التضمين حاصلاً شيئان: عدم اكتمال المعنى، وارتباط ذلك بالقافية.

2 – معيبية التضمين في النقد القديم:

إذا تتبعنا الآراء الصادرة حول التضمين العروضي، نجد أنّ السواد الأعظم من القدماء، قد شهّر بالمصطلح في المدوّنة النقدية

التراثية، مصنّفين له في خانة العيوب، دون أن يقدّموا التعليل الفنّي الكافي في ذلك[11]. وهذا التصنيف تعكسه في التعاريف السابقة عبارات من قبيل: «المعدود في العيوب»، و«هذا قبيح»، و«ههنا عيب»، وغيرها من العبارات التي كانت صريحة في ذمّه. واستقباح القدماء للتضمين، مردّه إلى دلالته على عجز الشاعر، فالشاعر المجيد عندهم، هو من يستطيع أن يأتي بمعنى كلامه تاماً في بيت واحد، أما الّذي يحتاج منهم إلى بيت آخر لإتمامه، فيظهِر ضعفه وعجزه[12].

بتعبير آخر أوضح، فإنّ تصنيفهم للتضمين في خانة العيوب، سببه استحسانهم لمجيء البيت مستوفياً لمعناه، لأنّ روعته عندهم، إنّما تتجلّى في اكتفائه بنفسه، وعدم احتياجه إلى غيره، وما قولهم: (هذا أشعر بيت قالته العرب) إلا دليلٌ يؤكّد صحّة أنّ الشاعر، يَبْرُزُ بالبيت الواحد عن القصيدة بأكملها[13]، إذ نجدهم ينزّلون البيت منزلة أعلى من القصيدة، فأعلوا فكرة البيت (المفرد) أو (السائر) أو (الشارد)، وتحدّثوا عن (بيت القصيد)، جاعلين من البيت وحدةً قائمة بنفسها، ومن ثم فكل شيء يُخلّ بتفرّد البيت واستثماره استشهاداً وتمثّلاً، يعدّونه عيباً، ومن ذلك التضمين، لأنّ العرب كما يقول الإربلي: «تحمد من الشعر ما كان كل بيت من القصيدة شعراً قائماً بنفسه، بل قال علماء النظم: إن الأولى في مطلع القصيدة، أن يكون صدره تام المعنى، واللفظ لا يفتقر إلى عجزه»[14].

هذا الاستحسان منهم لوحدة البيت، لم يكن مسألة ذوقية صريحة، وإنما كان مبنياً على قراءة منهم للتفاعل بين التقطيع الوزني للبيت وتمفصله الدلالي، حيث انتبهوا إلى ما يُحْدِثُه التضمين في إيقاع الجملة

وتركيبها، وأثر ذلك في الوزن الشعري، حيث ينجح التضمين في بلبلة الأخير، بالتشويش على الإحساس بأعمدته في البيت. بمعنى أنّ العروضيين القدامى، فطنوا إلى الإيقاع الموازي لوزن البحر، والّذي تفرضه الجملة وتركيبها، وحين أحسّوا بخطر التضمين الذي يعتري الوزن، اعتبروه عيباً، عناية منهم بأعمدة الوزن الشعري[15]، ذلك أنّ التضمين يُبرز إيقاع الجمل على حساب إيقاع البحر، وذلك يطيح بأعمدة الأخير: العروض والضرب والقافية، حيث إنّه يمنعها من القيام بدورها على وجهه الأكمل وحاله الأمثل، وهو إيجاد التوازي الدقيق بين إيقاع وزن البيت وإيقاع الجمل فيه[16]، ومن هنا اعتبروا أنّ مزيّة الشاعر، هي في إتيانه بالمعنى كاملاً في بيت واحد، لأنّ ذلك يوجِد قدراً كافياً من التوازي، بين تقطيعه النظمي وتمفصله الدلالي، ويغلق المنفذ أمام أي تشويش محتمل بتسرب التضمين.

3 – أقسام التضمين في الحضور النصي القديم:

إنّ تتبع آراء الشعريين القدامى في التضمين، وما استحضروه من شواهد له، يكشف أنّ وقوع التضمين في قصائد الشعراء، لم يكن بنفس الدرجة من حيث ما يحكم حضوره، فأحياناً يحكمه التركيب النحوي، بـ«فاعلية تركيبية تتم نتيجة خرق العلاقة الإسنادية بين طرفين»[17]. وأحياناً أخرى تحكمه الدلالة، بفاعلية دلالية تقوّي الدلالة في المضمّن[18]، وفي حالات نادرة كانت تحكمه الوحدة المعجمية. وبناء عليه، يمكن الحديث عن ثلاثة أقسام لحضور التضمين في قصيدة الشطرين.

أ ـ **التضمين التركيبي:** هذا النوع من التضمين، تحكمه العلاقة النحوية، أي علاقة إسنادية بين مركبات الجمل في البيت، ويقع التضمين هنا بالفصل بين طرفي المركب الإسنادي في حضور القافية، وهذا الفصل لا يكون دائماً بنفس الشدّة، فإمّا أن يكون فصلاً حادّاً قوياً، أو ضعيفاً، ويتحدّد ذلك من خلال المسافة الفاصلة بين الطرف المسنَد والقافية، فإما أن يقع فيها فيكون حادّاً، أو بعيداً عنها في بداية البيت أو في وسطه، فيكون أقل حدّة.

يجري التضمين التركيبي بشكلين: الأول أفقي، والثاني عمودي. يقع الأفقي بين بيتين أو ثلاثة، وفيه يكون التعلق بين طرفي الإسناد خفيفاً عندما يقع المسند في بداية البيت أو وسطه، بينما يكون حاداً عندما يقع المسند في القافية. كما يأتي التضمين في شكله الأفقي مفرداً، أي تضميناً واحداً فقط. وبذلك فتخطيطاته المجردة نظرياً ستة، ندرجها هنا حسب شدّة التعلق بين طرفي الإسناد، من الأشدّ تعلقاً إلى الأخف:

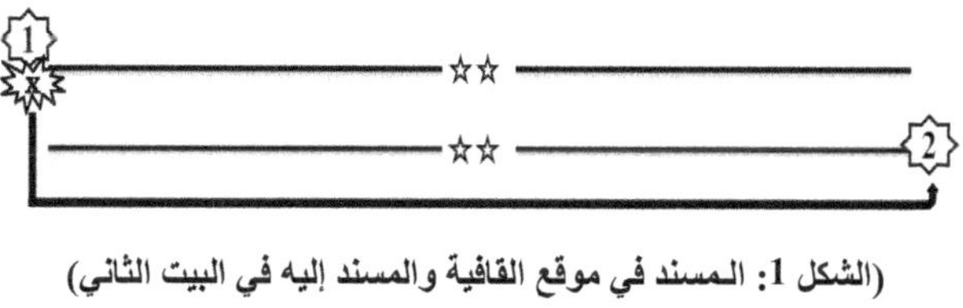

(الشكل 1: المسند في موقع القافية والمسند إليه في البيت الثاني)

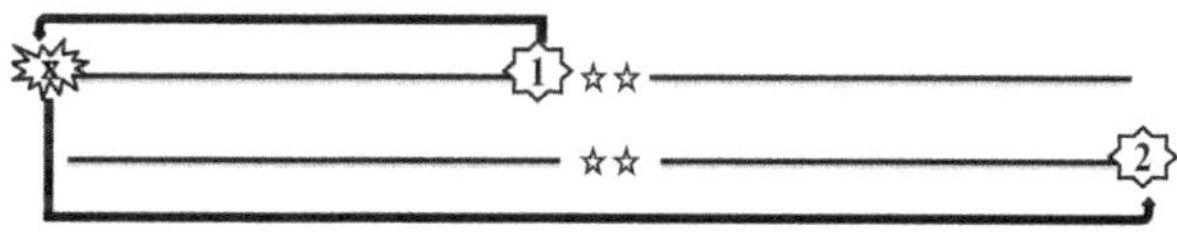

(الشكل 2: المسند في وسط البيت قريب من القافية والمسند إليه في البيت الثاني)

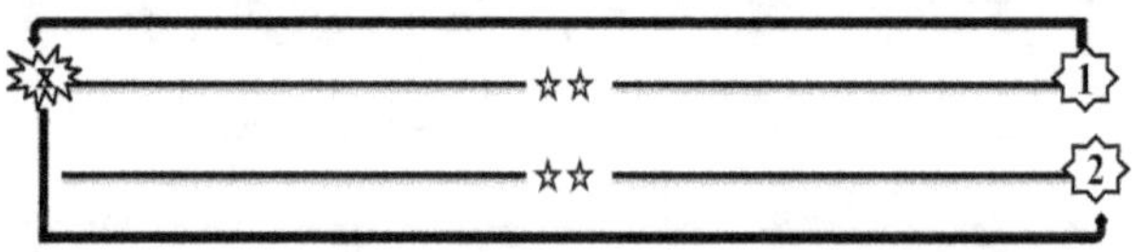

(الشكل 3: المسند في بداية البيت بعيد من القافية والمسند إليه في البيت الثاني)

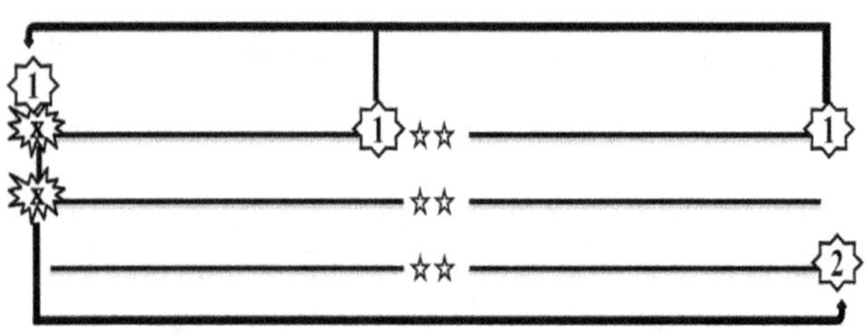

(الأشكال 4 ـ 5 ـ 6: المسند في بداية البيت أو وسطه
أو قافيته والمسند إليه في البيت الثالث)

أما التضمين التركيبي بشكله العمودي، فيستغرق قطعة أو نصاً بكامله، وهو في هذا الشكل أيضاً، إما حادّ لوقوع المسند دائماً في القافية، أو خفيف الحدة لبعد المسافة بينه وبين القافية من جهة، وبعد المسند إليه عنهما معاً من جهة ثانية، كما أنه بخلاف الشكل الأفقي، لا يأتي مفرداً فقط، بل يأتي متعدّداً كذلك، أي في سلسلة من الإسنادات، ينتهي الأول ليبدأ الثاني، وينتهي الثاني ليبدأ الثالث، وينتهي الثالث ليبدأ الرابع، وهكذا إلى نهاية القطعة أو القصيدة، وبذلك فحضوره النظري المجرد له تخطيطان ندرجهما هنا.

(الشكل 1: تضمين إسنادي عمودي متعدد، المسند فيه
في موقع القافية دائماً والمسند إليه في صدر البيت)

(الشكل 2: تضمين إسنادي عمودي مفرد، المسند
في بداية البيت الأول بعيداً فيه عن موقع القافية والمسند إليه في آخر بيت)

نجد التضمين التركيبي في المدونات القديمة، باسم: تضمين الإسناد، أو الافتقار، أو الإدماج، جاء الأول في قول ابن الأثير: «تضمين الإسناد (...) يقع في بيتين من الشعر أو فصلين من الكلام المنثور، على أن يكون الأول منهما مسنداً إلى الثاني، فلا يقوم الأول

21

بنفسه، ولا يتم معناه إلا بالثاني»[19]. وجاء الإطلاق الثاني في قول أبي هلال العسكري: «التضمين أن يكون الفصل الأول مفتقراً إلى الفصل الثاني، والبيت الأول محتاجاً إلى الأخير»[20]. وجاء الثالث في كلام تقدم في الفصل الأول، عند ابن الدهّان في تعريفه للإدماج، حين قال: «والإدماج أن يكون بعض الكلمة في آخر البيت، وبعضها في أوّل البيت الآخر، وسمّي إدماجاً من اندمجت في الموضع، إذا دخلت فيه، فكأنّ البيت الثاني لتعلّقه بالأوّل داخل في جملته، وذلك كقوله (بحر الوافر):

وَإِنْ أَغْنَـاكَ إِلا لِلَّـذِيِّ	وَلَيْسَ المَـالُ فَاعْلَمْهُ بِمَالٍ
لأَقْـرَبِ أَقْرَبِيـهِ وَلِلْقَصِيِّ	يُرِيدُ بِهِ العَـلَاءَ وَيَصْطَفِيهِ

فـ(الَّذي) بمنزلة الفاء من (جعفر) [أي لا يمكن الوقوف على الفاء في هذه الكلمة]»[21].

نجده لدى العبيدي أيضاً، حين قال متحدثاً عن التضمين: «وقال بعضهم: من هذا النوع الإدماج، وهو أن يكون بعض الكلمة في آخر البيت، وبعضها في البيت الآخر، وتمثّلوا بالبيتين، وهما (وليس المـال)»[22]. وعند ابن هشام في شرحه لـ(بانت سعاد) توضيح للسابق، قال: «ومن أقبح التضمين قوله:

وَإِنْ أَغْنَـاكَ إِلا لِلَّـذِيِّ	وَلَيْسَ المَـالُ فَاعْلَمْهُ بِمَالٍ
لأَقْـرَبِ أَقْرَبِيـهِ وَلِلْقَصِيِّ	يُرِيدُ بِهِ العَـلَاءَ وَيَصْطَفِيهِ

فإنّه وقع بين الموصول وصلته، وهما كالكلمة الواحدة»[23].

ويأتي البغدادي في حاشيته على شرح ابن هشام لـ(بانت سعاد) فيقول: «قولُه [يقصد ابن هشام]: ومن أقبح التضمين إلخ، سمّاه ابن الدهان في عيوب القوافي بالإدماج»[24]. وقال قبل ذلك: «فإنّ الوقف على الموصول دون صلته غير جائز، لأنّه كالوقف على بعض الكلمة، ومثْله المضاف والمضاف إليه»[25].

رغم اختلاف الاصطلاحات الثلاثة، فإنها تشير معاً إلى أنّ «المعاني تفتقر إلى جهة تستند إليها ولا تقوم بذاتها»[26]. وهذا طبعاً في حضور القافية، كما هو واضح في الأشكال التخطيطية أعلاه، لأننا نتحدّث هنا عن مسند قبل القافية أو فيها، ومسند إليه يقع بعدها، وأشكال الافتقار الممكنة لما قبل القافية أو فيها، في علاقته بما بعدها في حال حدوث الافتقار أو غيابه، حصرها حازم القرطاجني في أربع حالات، فقال في سياق حديثه عن التضمين رابطاً ذلك بالقافية: «فأما ما يجب فيها من جهة كونها مستقلة، منفصلة عمّا بعدها، أو متصلة به، فلا يخلو الأمر في هذا، من أن تكون الكلمة الواقعة في القافية غير مفتقرة إلى ما بعدها، ولا مفتقر ما بعدها إليها، أو يكون كلاهما مفتقراً إلى الآخر، أو تكون هي مفتقرة إلى ما بعدها، ولا يكون ما بعدها مفتقراً إليها، أو يكون ما بعدها مفتقراً إليها، ولا تكون هي مفتقرة إليه»[27].

بالنسبة إلى العلاقات الإسنادية التي يخترقها التضمين التركيبي، فاصلاً بذلك بين العُمَدِ، نجد ذكراً لأبرزها في نص لابن الجزري (ت 833هـ)، قال فيه: «لا يجوز الوقف على المضاف دون المضاف إليه، ولا على الفعل دون الفاعل، ولا على الفاعل دون المفعول، ولا على المبتدأ دون الخبر، ولا على نحو كان وأخواتها دون أسمائها، ولا على

النعت دون المنعوت، ولا على المعطوف عليه دون المعطوف، ولا على القسم دون جوابه، ولا على حرفٍ دون ما دخلَ عليه، إلى آخر ما ذكروه وبسطوه من ذلك»[28]. ونجد ذكراً لبعضها لدى البغدادي أيضاً في قوله: «والافتقار اللازم، أن يتوقف البيت الأول على جزء من أجزاء الكلام الضرورية، يجاء به في البيت الثاني، كالمبتدأ يأتي خبره في البيت الثاني، وكذلك فاعل الفعل، وخبر كان أو اسمها، أو خبر إنّ واسمها، أو أحد مفعولي ظننت، أو جواب الشرط لأنْ أو للواو، للولا أو لغيرها»[29].

يمكن الوقوف على بعض تجليات التضمين التركيبي، من خلال مجموعة من الشواهد الشعرية، التي تغطّي الشكلين الأفقي والعمودي له، وهي شواهد تتدرّج من التضمين الحاد إسنادياً إلى الأخف، وليسهل رصده فيها نستعين بالأشكال السابقة في رصد طرفي الإسناد.

1) قال النابغة الذبياني مفتخراً بقبيلته (ت 18ق.هـ) (بحر الوافر التام):

1 – وَهُمْ وَرَدُوا الجِفَارَ عَلَى تَمِيمٍ
وَهُـمْ أَصْحَـابُ يَوْمِ عُـكَاظَ إِنِّي

2 – شَهِدْتُ لَهُمْ مَوَاطِنَ صَالِحَاتٍ
وَثِقْتُ لَهُمْ بِحُسْـنِ الظَّنِّ مِنِّي[30]

يظهر من خلال التخطيط أنّ الشاعر ضمّن بين البيتين، وأنّ ذلك تم بالفصل بين إنّ وخبرها، حيث جاء بـ(إنّ) في موقع القافية، وفي صدر البيت الثاني بالجملة الفعلية (شهدت) لتكون في محلّ رفع خبراً لها.

2) قال علال الفاسي (ت 1974م) (بحر البسيط التام):

1 ــ نَظَرْتُ مِنْ بَيْنِ شُبَّاكِ السَّفِينَةِ مَا

رَأَيْــتُ فَــرْداً مِنَ الأقْــوَامِ حَيَّاني

2 ــ إلا بِـــلادِي الَّتِي أَحْبَبْتُهَا فَحَنَّتْ

عَلَـــيَّ مُنْذُ حَبَّتْنِي كُلَّ إِحْسَــانِ [31]

التضمين هنا يخص مركباً إسنادياً هو جملة الاستثناء، فالشاعر كما يظهر التخطيط الخاص بالتضمين في البيتين، فصل بين طرفي الاستثناء، فجاء المستثنى منه في وسط البيت الأول، قريباً من موقع القافية، بينما جاء المستثنى وأداة الاستثناء في صدر البيت الثاني.

3) قال سالك بن المرحل (ت 699هـ) متغزّلاً (بحر الطويل):

1 ــ فَلَمَّـــا فَنَــى صَبْرِي وَقَـــلَّ تَجَلُّدِي

وَفَارَقَنِــي نَوْمِــي وَحُرِّمْــتُ مَضْجَعِي

2 ــ شَكَوْتُ لِقَاضِي الحُبّ قُلْتُ أَحِبَّتِي

جَفَوْنِي وَقَالُوا أَنْــتَ فِي الحُبِّ مُدَّعِ [32]

التركيب الإسنادي هنا يخص جملة الشرط، إذ يحضر التضمين كما يظهر في التخطيط، بين الشرط وجوابه، فالشاعر فصل بين الشرط الذي تمثله (لـما) وفعل الشرط الماضي بعدها (فنى)، وبين جواب الشرط الذي جاء في بداية البيت الثاني (شكوت). فـ(لما) اسم شرط غير جازم، مبني على السكون في محل نصب ظرف زمان؛ لأنها بمعنى (حين)، وفعل الشرط هو (فنى)، وجواب الشرط هو (شكوت). ويلاحظ أنّ حدّة التضمين خفيفة لوقوع المسند في بداية البيت بعيداً عن القافية.

4) قال محمد الحلوي (ت 2004م) (بحر الطويل):

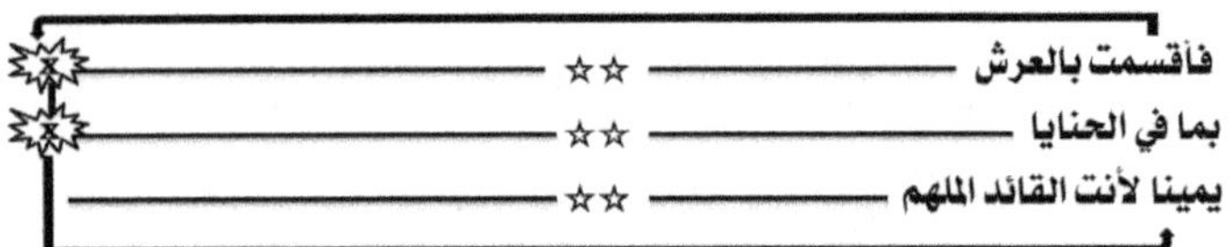

الشاعر هنا كما هو واضح في التخطيط، جعل التضمين في مركب إسنادي هو جملة القسم، فاصلاً بين أداة القسم، التي جاءت فعلاً في بداية البيت الأول (أقسمت)، والمقسم به الذي جاء متعدّداً، بعضه في البيت الأول (العرش)، وبعضه في الثاني (ما في الحنايا)، وبعضه في الثالث (اليمين)، والمقسم عليه (جواب القسم) الذي جاء في البيت الثالث جملة اسمية مؤكدة بلام القسم (لأنت القائد الملهم). ويلاحظ هنا أنّ التضمين بسط نفسه على ثلاثة أبيات، مخترقاً قافيتين بدل واحدة كما يظهر التخطيط أعلاه.

5) ابن دريد (ت 321هـ): أثبت ابن دريد في (الأمالي) قطعة منسوبة إلى أبي نواس قال فيها (بحر الخفيف التام):

1 – يَا صَدِيقِي لَقَدْ جَفَانِي جَمِيعُ النَّـ
سَاسِ لَمَّـا جَفَوْتَنِي وَاسْـتَهَانُـوا

2 – بِي وَقَدْ كُنْـتُ كَالأميرِ عَلَيْهِمْ
بِـكَ إذْ كُنْتَ مُلْطِفاً بِـي وَكَانُـوا

3 – لِي عَبِيـداً أوْ كَالعَبِيدِ المُطِيفِيـ
ــنَ فَلَمَّـا أَقْصَيْتَنِي وَاسْـتَبَانُـوا

4 – سُوءَ حَالِي لَدَيْكَ صَارُوا مَعَ الدَّهْـ
ـرِ وَلَـوْ عُدْتَ لِي لَعَـادُوا وَدَانُـوا

5 – لِي فَعُدْ لِي فَلَسْـتُ مِثْلَ أُنَاسٍ
كُنْتُ أَرْجُو الوَفَاءَ مِنْهُمْ فَخَانُوا[33]

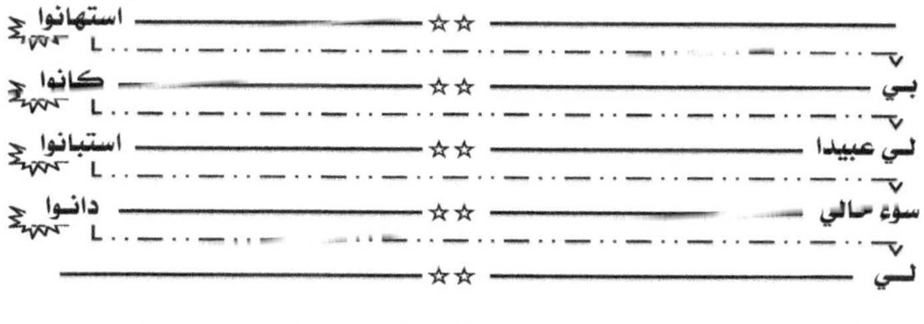

إنّ الشاعر هنا كما يظهر التخطيط، جاء بتضمينات متعددة، وقعت جميعها بين منطقة القافية وبداية الصدر الذي يليها، فقد فصل في مناسبتين شبه الجملة من الجار والمجرور (بي/ لي) عن الجملة الفعلية (استهانوا/ دانوا). وفي مناسبة ثالثة بين (كانوا) وخبرها

(عبيداً)، وفي مناسبة رابعة بين الجملة الفعلية من الفعل والفاعل (استبانوا)، ومفعولها (سوء). ويظهر هنا كيف أنّ التضمين شديد التعلق، بحيث لا يمكن فهم معنى بيت بمعزل عن الذي قبله.

6) قال محمود درويش في قصيدة (الناس في قصّتنا) (مجزوء الرجز+مشطور الرجز):

1 – إِنْ مَـرَّةً تَحَدَّثُـوا   عَنَّـا وَقَالُـوا افْتَرَقُـوا

2 – وَضَيَّـعُـوا أَيَّـامَـهُـمْ وَافْـتَـرَقُـوا

3 – وَثَـرْثَـرُوا وَأَسْرَفُـوا وَأَقْـلَـقُـوا

4 – وَسَـوَّدُوا صَبَاحَنَـا   وَهَتَفُـوا لا يُشْـرِقُ

5 – أَوْ غَرَسُـوا أَكْذُوبَةً   فِـي كُـلِّ حَـرْفٍ تُقْلِقُ

6 – أَوْ سَـلَبُوا كُنُوزَنَـا   مِـنَ الهَـوَى وَسَـرَقُوا

7 – فَكُلُّهُـمْ مُحَقِّـقٌ   فِـي حُبِّنَـا مُدَقِّـقٌ [34]

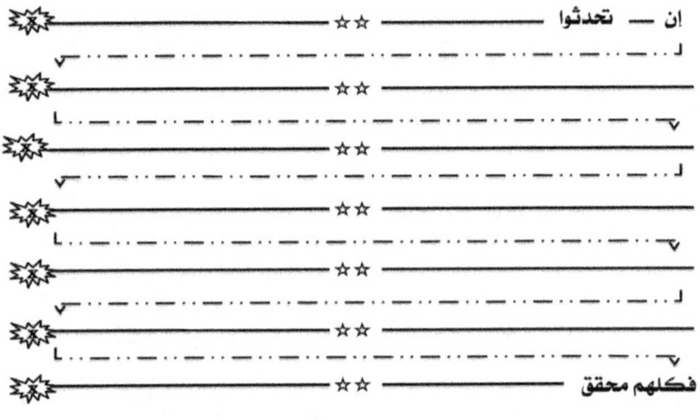

يظهر من خلال تخطيط التضمين هنا، أنّه يتصل بأسلوب الشرط، فالشاعر فصل بين (إن) الشرطية وجوابها، إذ جاء في البيت الأول بأداة الشرط (إن) مع جملة فعل الشرط (تحدثوا)، بينما جملة جواب الشرط (فكلهم محقق)، لم تظهر إلّا في البيت الأخير. ويلاحظ أنّ بعد المسافة بين أداة الشرط وجملة فعل الشرط من جهة، وجملة جواب الشرط من جهة ثانية، في صلتهما بالقافية، قد كسر حدّة التضمين.

ب ــ **التضمين الدلالي:** يرتكز هذا التضمين على الدلالة بشكل أكبر، في ارتباط معنى البيت بمعنى الّذي يليه من بيت أو أبيات، بحيث يكون البيت الأوّل قائماً بنفسه يدلّ على ما هو غير مفسّر، فيأتي تفسيره في البيت الثاني فقط، أو في ما بعده من أبيات، فتكون هناك «فاعلية دلالية، لأنّ دلالة الأول تتقوى بالثاني، والثاني لا يفهم إلّا بـالأول»[35]. ما يعني أنّ التضمين الدلالي، يقوم على تفصيل المجمل، أي تفصيل دلالة ما ورد مجملاً في البيت الأول. غير أنه إذا كنا نتحدث عن ارتكازه على الدلالة بالأساس، فإنّ هذا لا يعني خلوه من علاقة إسنادية، فهي موجودة، «غير أنها علاقة ضعيفة، ليست علاقة العمَد، أو علاقة الأدوات بموضوعها»[36]، فهي فاترة لدرجة أنه قد لا ينتبه إليها أحياناً.

لقد انتبه القدماء إلى التضمين الدلالي، وورد في مدوناتهم باسم تضمين الاقتضاء، نجد ذكراً له عند التبريزي، حين قال: «من التضمين ضرب آخر، يكون البيت الأول منه قائماً بنفسه، يدل على جمل غير مفسرة، ويكون في البيت الثاني تفسير تلك الجمل، فيكون

الثاني يقتضي الأول، كاقتضاء الأول له»[37]. وإليه أشار المرزباني أيضاً في قوله: «هذا عند نقاد الشعر يسمى الاقتضاء: أن يكون في الأول اقتضاء للثاني، وفي الثاني افتقار للأول»[38].

يشير الدارسون إلى أنّ التضمين الدلالي يستوعب بعض صور البديع[39]، التي تقوم على نفس الفاعلية، أي تفصيل ما ورد مجملاً، وتحديداً ما يصطلح عليه بـ(الجمع مع التقسيم) و(الجمع مع التفريق)، فالأول يقوم على جمع متعدد تحت حكم واحد ثم تقسيمه، أو العكس بتقسيم متعدد ثم جمعه تحت حكم واحد[40]، والثاني يقوم على الجمع بين شيئين في حكم واحد، ثم التفريق بينهما بعد ذلك فيه[41]. وانطلاقاً من هذا ومن الذي تقدّم، فالظاهر أنّ التضمين الدلالي له في حضوره النصي شكلان: شكل أفقي، تفصيل دلالة البيت الأول فيه محدود، يستغرق البيت الثاني فقط، وفيه يتموقع (الجمع مع التقسيم) و(الجمع مع التفريق)، وهنا لا نكاد نحسّ بأثر العلاقة الإسنادية بين البيتين. وشكل عمودي، تفصيل دلالة البيت الأول فيه موسع، يستغرق النص بكامله، مع وجود علاقة إسنادية ضعيفة بفعل هيمنة التفصيل في الدلالة، وبعدِ الحيز بين المسند في بداية النص والمسند إليه في نهايته، وفي الشكلين معاً تحضر القافية، فاصلة بين المعنى المجمل ودلالته المفصلة. ويمكن تمثيلهما معاً من خلال الشكلين الآتيين:

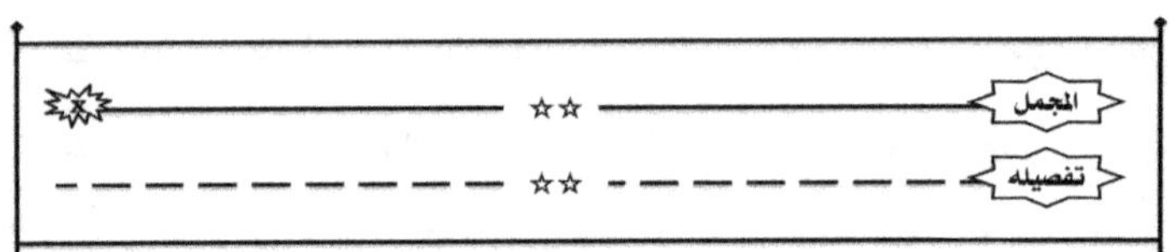

الشكل 1: التضمين الدلالي الأفقي بتفصيل محدود

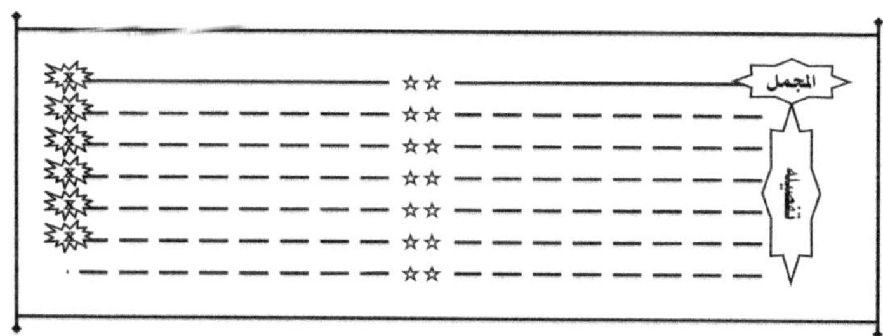

الشكل 2: التضمين الدلالي العمودي بتفصيل موسع

نجد مثالاً للتضمين الدلالي الأفقي في قول مالك بن المرحّل متغزّلاً (بحر الطويل):

1 – وَعِنْدِي شُـهُودٌ بِالصَّبَابَةِ وَالأَسَـى
يُـزَكُّـونَ دَعْـوَايَ إِذَا جِئْتُ أَدَّعِـي

2 – سُهَادِي وَشَـوْقِي وَاكْتِئَابِي وَلَوْعَتِي
وَوَجْدِي وَسُـقْمِي وَاصْفِرَارِي وَأَدْمُعِي [42]

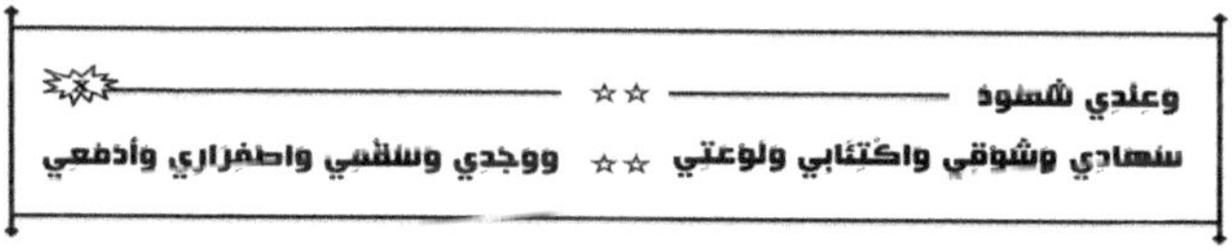

وعندي شهود ☆☆
سهادي وشوقي واكتئابي ولوعتي ☆☆ ووجدي وسقمي واصفراري وأدمعي

فالشاعر هنا كما يظهر تخطيط التضمين، فصّل في البيت الثاني، ما ورد مجملاً في البيت الأول، باعتماد أسلوب (الجمع مع التقسيم)، فالمجمل في البيت الأول أو الجمع هو (شهود الشاعر) على صدق محبّته لأحبّته. أمّا التقسيم فورد فيه التفصيل بأسمائهم، وهم ثمانية: سهاده، شوقه، اكتئابه، لوعته، وجْده، سقمه، اصفراره، وأخيراً أدمعه، فهؤلاء شهود الشاعر أمام قاضي الحبّ جاؤوا يزكّون دعواه.

ويلاحَظ كيف أنّ التفصيل في دلالة المجمل كان محدوداً، يستغرق البيت الثاني فقط.

بالنسبة إلى التضمين الدلالي العمودي، نجده في قول علال الفاسي (بحر البسيط التام):

1 – مَا رَوْضَةٌ مِنْ رِيَاضِ الزَّهْرِ صَبَّحَهَا
مَاءُ الْحَيَاةِ بِمُنْهَلٍّ وَمُنْسَكِبِ

2 – حَتَّى غَدَتْ وَزَرَابِيهَا مُرَقَّشَةٌ
كَأَنَّهَا بُرَدٌ مُوشِيةُ الْهُدُبِ

3 – وَالْغُصْنُ يَعْبَثُ بِالْأَنْهَارِ حِينَ جَرَتْ
مِنْ تَحْتِهِ فَتَلَوَّتْ تَحْتُ كَالرُّقُبِ

4 – وَقَامَ يَشْدُو عَلَى أَفْنَانِهَا غَرِدٌ
كَأَنَّهُ مَعْبَدٌ فِي صَوْتِهِ الْعَجَبِ

5 – فَرَجَّعَتْ صَوْتَهُ تِلْكَ الْحَمَائِمُ فِي
أَفْيَائِهَا بَيْنَ أَرْزِ الْغَابِ وَالْخَشَبِ

6 – فَطَارَحَتْهَا الْهَوَى تِلْكَ النَّوَاعِرُ مِنْ
خَلْفِ الشَّلِيلِ وَطِيبُ الْعَيْشِ فِي النَّصَبِ

7 – فَغَازَلَتْهُ فَتَاةُ الشَّمْسِ فَانْعَكَسَتْ
خُيُوطُهَا فِي صَفَاءِ الْمَاءِ كَالذَّهَبِ

8 – وَالشَّمْلُ مُلْتَئِمٌ فِيهَا وَمُجْتَمِعٌ
وَالْعَيْشُ فِي رَغَدٍ وَالْفِكْرُ فِي رَحَبِ

9 ــ يَوْماً بِأحْسَــنَ مِنْ شِــعْرٍ يُنَظِّمُهُ
(شَوْقِي) فَيَفْعَلُ فِعْلَ السَّاحِرِ الوَهِبِ [43]

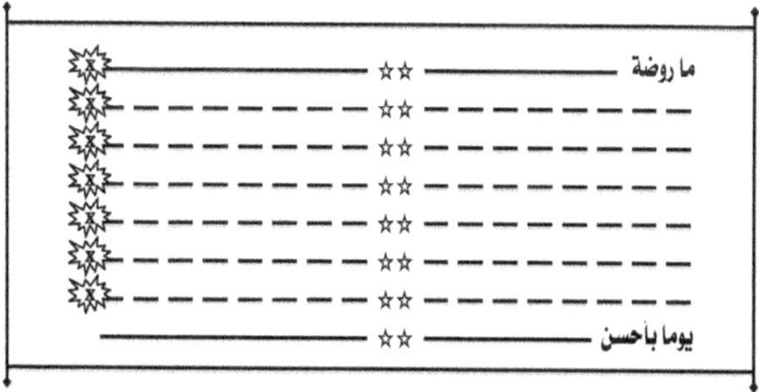

فالشاعر هنا يقارن بين روضة زهر وما تشتمل عليه من عناصر الطبيعة، وبين شعر أمير الشعراء أحمد شوقي، منتصراً للأخير في الحسن. وتأمل خطاطة التضمين، يبرز أنّه أورد مجملاً في بداية البيت الأول، هو المقارَن (روضة من رياض الزهر)، واستغرق في تفاصيله الطبيعية طوال النص، ولم يأتِ بالمقارَن به (شعر شوقي) إلا في البيت الأخير، وبين المقارَن والمقارَن به علاقة إسنادية، فـ(روضة) اسم لـ(ما) قبلها، العاملة عمل (ليس)، لاقتران خبرها بالباء الزائدة (بأحسن يوماً). ويلاحظ كيف أنّ استغراق الشاعر في تفصيل دلالة المجمل قد أضعف حدة الإسناد.

جـ ــ التضمين المعجمي: نسميه معجمياً نسبة إلى الوحدات المعجمية، فهذا النوع من التضمين، هو «أقصى ما يمكن أن يصل إليه بتر الوحدة الدلالية، فهو ليس بتراً نحوياً في أيّ مستوى من مستوياته، بل هو بتر للوحدة المعجمية نفسها، إذ تنتصب القافية وسط الكلمة فتشطرها شطرين» [44]، أي إنّه لا يتموقع إلّا في موقع القافية

وبداية صدر البيت الذي يليها، والتعلق فيه ليس بين طرفي مركب إسنادي، وإنما بين طرفي الكلمة المبتورة. كما أنّه يملك في حضوره النصي شكلين اثنين، أحدهما أفقي يستغرق البيتين أو الثلاثة، والثاني عمودي يستغرق القصيدة بكاملها، وفيهما معاً يقع متعدّداً لا مفرداً، وبذلك فحضوره المجرّد يأخذ أحد الشكلين الآتيين:

الشكل 1: التضمين المعجمي الأفقي

الشكل 2: التضمين المعجمي العمودي

لقد أشار القدماء إلى التضمين المعجمي باصطلاحات هي المجاز والإغرام، نجد الأول لدى ابن سنان في قوله: «من عيوب القوافي، أن يتم البيت، ولا تتم الكلمة التي منها القافية، حتى يكون تمامها في البيت الثاني، مثل أبيات كتبها إليّ الشيخ أبو العلاء بن سليمان

في بعض كتبه، وحُكِيَ أنّ أبا العباس المبرّد ذكرها في كتابه[45] الموضوع في القوافي، وسمّى هذا الجنس من عيوب القافية المجاز (...)، ومما يجري هذا المجرى التضمين»[46].

الاصطلاح الثاني ورد لدى أبي العلاء المعري، وجاء حديثه عنه في سياق التضمين، أي ضمن عيوب القافية، حيث يظهر من كلامه، أنّ الإغرام شكل من أشكال التضمين، غير أنّ التعلق والاقتضاء، أشدّ في التضمين من الإغرام، ثم يشير إلى إطلاق البعض له على انقسام الكلمة بين نهاية البيت، وبداية الذي يليه، حين قال: «وكذلك التضمين، وهو ألا يتم المعنى في البيت الواحد. والإغرام دون التضمين، كأنّ اقتضاء التضمين أشدّ منه (...) وكان بعض المتأخرين، يزعم أن الإغرام أن يتم وزن البيت ولا تتم الكلمة، وهذا لا يعرف في شعر العرب، وإنما يتعمده المحدثون»[47].

نجد حديثاً عن التضمين المعجمي أيضاً لدى حازم القرطاجني، خلال حديثه عن أنواع التضمّين، غير أنّه لم يصطلح له، وإنما اعتبره من أشكال الافتقار. قال: «التضمين يكثر فيه القبح أو يقل، بحسب شدّة الافتقار أو ضعفه. وأشدّ الافتقار، افتقار بعض أجزاء الكلمة إلى بعض، وربّما صنع شعر قوافيه على هذا الوضع ليعمّى موضع القافية، وهو قبيح جدّاً»[48]. وقد ذكره أيضاً في كتابه الموضوع في القوافي حين قال: «فأما أن تفصَل الكلمة، فيجعَل بعض حشوها الروي، ويطرح سائرها أو يستأنف في صدر البيت الثاني، فمن أقبح ما ورد في القوافي، وهذا الضرب الأخير أردأ ضروب التضمين، وليس استعماله بجائز»[49].

نجد مثالاً للتضمين في شكله الأفقي لدى أبي العلاء المعري في (الفصول والغايات)، هو قول القائل[50] (مجزوء بحر الهزَج):

١ – أَبَـا بَكْـرٍ لَقَـدْ جَـاءَتْ   لكَ مِـنْ يَحْيَى بْـنِ مَنْصُو

٢ – رِ الـكَـأسُ فَخُذْهَـا مِنْـ   ـهُ صِرْفـاً غَيْـرَ مَمْزُو

٣ – جَـةٍ جَنَّبَـكَ اللهُ   أَبَـا بَـكْـرٍ مِـنَ السُّو

فالشاعر هنا كما يظهر التخطيط قسم الوحدة المعجمية في نهاية كل بيت مع بداية الذي يليه، وقطع الكلام على نفس المنوال، حيث لا نجد الهمزة المتمة لكلمة (السوء). وهو هنا اعتمده بشكل محدود لا يتعدّى ثلاثة أبيات.

أورد ابن سنان في (سر الفصاحة) نقلاً عن المبرّد، شاهداً للتضمين المعجمي في شكله العمودي، هو قول الشاعر[51] (مجزوء بحر الهزَج):

١ – شَبِيهٌ بِابْنِ يَعْقُوبَ   وَلَـكِـنْ لَـمْ يَـكُـنْ يُو

٢ – سُفُّ يَشربُ الخَمْرَ   وَلَا يَـزْنِـي وَلَا يُو

٣ – سِعُ الأَمْـوَاه بِالقَهْوَ   ةِ مَـزْجاً لَـمْ يَكُـنْ دُو

٤ – نَ فِي صُبْحٍ وَإِمْسَاءٍ   وَهَـذَا مُـنْـكَـرٌ يُو

٥ – شِكُ الرّحْمَنُ أَنْ يُصْلِ   يَهُ فِي نَار خِزْيٍ هُو

٦ – لَهَا أَهْلٌ فَلَا يَكْثِ   ـفُ عَنْـهُ رَبّـنَا السّو

٧ – ءَ إِنّ الأَخْضَرَ الإِبْطَيْ   نِ ذَا الفَحْشَاءِ لَا يُو

٨ – قِدُ النّارَ لأَضْيَافٍ   وَلَـوْ قِـيـلَ لَـهُ ذُو

٩ – دَنَـانِـيـرٍ وَأَمْـوَالٍ   فَيَا رَحْـمَـانُ لَا تُو

١٠ – سِعِ الرِّزْقَ عَلَى هَذَا   الَـذِي مَـنْـظَـرُهُ لُو

١١ – لُؤٌ وَالفِعْلُ سَتُّوقٌ   فَـوَزْنُ الـرّيـشِ لَا يُو

يو	☆☆	٧
يو	☆☆	سف
دو	☆☆	سع
يو	☆☆	ن
هو	☆☆	شك
السو	☆☆	لها
لا يو	☆☆	ء
ذو	☆☆	قد
لا تو	☆☆	دنانير
لو	☆☆	سع
لا يو	☆☆	لؤ

النص في التخطيط يزخر بالتضمين المعجمي، فقد انقسمت الوحدات المعجمية في نهايات أبياته، وكانت تتمتها في بداية ما يليها من صدور، ما عدا البيت الخامس والثامن، اللذين ضمّنا تركيبياً. ويلاحظ أنه هنا استغرق النص، وقطِع الكلام فيه على جزء من كلمة مبهمة (يو).

4 – اعتبارات الاستحسان في التضمين:

خلافاً للشعر العربي قديماً، فإنّ التضمين مستحسن في الشعر الفارسي، بل وصنعة فيه، إذ كلما كان الافتقار شديداً بين الأبيات، زاد استحسانه فيه. وقد أشار إلى ذلك العبيدي، فقال بعد أن أشار إلى كونه عيباً في شعر العرب: «هذا في الشعر العربي، وأما في الشعر الفارسي، فمستحسن جدّاً، ويجعلونه صنعة، وكلما كان احتياجه أكثر، كلما كان أحسن عندهم»[52].

لقد رأينا في المحور الخاص بمفهوم التضمين، كيف أنّ مجموعة من الشعريين القدامى شهّروا بالتضمين في مدوناتهم، وصنفوه في خانة عيوب الشعر، وتحديداً قافيته. غير أنّ ذلك لم يكن ديدنهم جميعاً، ذلك أنّ عدداً من الشعريين القدامى كانوا يشيرون إلى استحسانه، مميزين بين تضمين مستحسن وآخر معيب، وفي هذه النقطة بالذات، وجب التنبيه على أنّ الاستحسان كانت تحكمه مجموعة من الاعتبارات، وارتبط بشكل أكبر بالتضمين الدلالي، أما التضمينان التركيبي والمعجمي بشكل خاص، فكانا موسومَيْن بالاستقباح والعيب.

في إطار التمييز بين التضمين المستحسن والمعيب، نجد الدمنهوري يتحدث عن التضمين القبيح والجائز، فجعل القبيح لما لا يتم الكلام إلّا به نحوياً، مثل جواب الشرط، وفاعل الفعل، وخبر المبتدأ، وصلة الموصول. بينما جعل الثاني لما تم الكلام بدونه، وإنما فُضْلَة لتكميل معنى الكلام المتقدم وتفسيره[53]. كذلك ابن كيسان لا يرى في التضمين عيباً قبيحاً، ولكنه يستحسِن البيت القائم بنفسه. قال: «وأما التضمين، فليس بالعيب القبيح، ولكن أجزل الكلام ما كان قائماً بنفسه، إذا أُنشِد كل بيت من القصيدة مفرداً استوعب المعنى الذي وضع له»[54].

بخلافهما فإنّ ابن الأثير كان جريئاً، حين نفى العيب عن التضمين التركيبي أو الإسنادي، الذي تواضع القوم على تعييبه، قال: «وأمّا المعيب عند قوم، فهو تضمين الإسناد (...) هو المعدود من عيوب الشعر، وهو عندي غير معيب، لأنّه إذا كان سبب عيبه أنّ يعلق البيت الأوّل على الثاني، فليس ذلك بسبب يوجب عيباً»[55]. أمّا ابن قتيبة فموقفه فريد، إذ لم يتحدّث مطلقاً عن التضمين، فهو لم يقف عنده في المبحث الذي أفرده لعيوب الشعر في كتابه (الشعر والشعراء)[56]، إذ لا وجود له بين عيوب القافية التي تناولها، وهو الأمر نفسه الذي تكرر منه في كتابه (تأويل مشكل القرآن)، إذ لا نجد سرداً له ضمن العيوب التي تحدّث عنها[57]. وهذا يفهم منه أنّ الرجل لا يعتبره عيباً لا بصفته التركيبية ولا الدلالية.

إنّ تتبع الآراء التي جنحت إلى استحسان التضمين، يكشف أنّ الاستحسان تحكمه أحد الاعتبارات الثلاثة الآتية:

أ – **العَمْدِية**: نقصد بالعمدية هنا، تعمّد الشعراء الوقوع في التضمين، بمعنى أنّ ذلك مقصود منهم، مخالفة للعرف النقدي الذي ينص على استقلال الأبيات بمعانيها. فهذا التعمّد منهم يخرج التضمين عن كونه عيباً، ويجعله دالاً على حسن الاقتدار، أي إنه متى صدر عن عمدية، فإنه لا يجري مجرى العيب. قال ابن كيسان: «وربما تعمّد بعض المحدثين التضمين في قصيدته كلها، فيجري ذلك على حسن الاقتدار (...)، وهذا الذي يجيء على الاعتماد، ليس كالذي ذكرنا، لأنّ قائله أراده هكذا فلا عيب فيه، وإنما العيب على من اجتهد في أن تكون أبياته كالأمثال التي تنفرد، فيكون كل مثل منها قائماً بنفسه، غير معتمد على غيره»[58].

هذا المنحى نجده لدى السكاكي أيضاً، الذي لديه رؤية خاصة لعيوب القافية، ترى أنّ بوسع الشاعر أن يعمد إلى هذه العيوب ليظهرها في مظهر مستحسن، يخرجها عن مجرى العيب. قال: «واعلم أنّ لك في كثير من العيوب أن تكسوها بهذا الطريق، ما يبرزها في معرض الحسن»[59]، وبناء على هذه الرؤية منه، فإنّه استحضر نصّاً تعمّد الشاعر تضمينه من بدايته إلى نهايته، هو قول أبي العتاهية (ت 210هـ)[60] (مشطور بحر السريع):

1 – يَا ذَا الَّذِي فِي الحُبِّ يَلْحَى أَمَا

2 – واللهِ لَـوْ كُلِّفْـتَ مِنْــهُ كَمَا

3 كُلِّفْـتُ مِـنْ حُـبِّ رَخِيـمٍ لَمَا

4 لُمْـتَ عَلَى الحُـبِّ فَذَرْنِي وَمَا

5 ــ أَلْقَــى فَإِنِّي لَسْــتُ أَدْرِي بِمَا

6 ــ بُلِيــتُ إِلَّا أَنَّنِــي بَيْنَمَــا

7 ــ أَنَا بِبَابِ القَصْرِ فِي بَعْضِ مَا

8 ــ أَطُوفُ فِــي قَصْرِهِمُ إِذْ رَمَى

9 ــ قَلْبِــي غَــزَالٌ بِسِــهَامٍ فَمَا

10 ــ أَخْطَــا بِهَــا قَلْبِي وَلَكِنَّمَا

11 ــ سِــهْمَاهُ عَيْنَــانِ لَــهُ كُلَّمَا

12 ــ أَرَادَ قَتْلِــي بِهِمَا سَــلَّمَا⁽⁶¹⁾

ثم علّق السكاكي عليه بالقول: «فانظر كيف ملح ذلك»⁽⁶²⁾ . ومثله الإربلي، علّق على هذا النص بالقول: «هذه قطعة قد وقع التضمين فيها جميعاً، على أنّ فيه حلاوة في الذّوق وخفّة في السمع»⁽⁶³⁾ . ومثلهما البغدادي علّق على النص بقوله: «فهذا قد جمع أصنافاً كثيرة من عيوب التضمين، وهو مع هذا مستعذب مستحلى، وليس لذلك سبب سوى قصر عروضه، ورشاقة ألفاظه، ولطافة معانيه»⁽⁶⁴⁾ . وما يفهم من مثل هذه الآراء، أنه لولا وحدة البيت التي سيطرت على أذهان نقاد الشعر، لما تردّدوا في تمجيد هذا النوع من النصوص المضمنة.

ب ــ مسافة التعلق بالقافية: نعني بها هنا وقوع التضمين بعيداً عن موقع القافية، أي لا يتعلّق بكلمة الروي مباشرة، وإنما تكون

الكلمة المضمنة واقعة في بداية البيت أو وسطه، فهذا يجعل التضمين مستحسناً بخلاف ما إذا وقع التعلق بكلمة الروي، فكلّما بعدت مسافة التعلق عن القافية زاد الاستحسان. ونجد هذا الاعتبار وارداً لدى عدد من النقاد في حديثهم عن التضمين، فابن الدهّان يقول في تعريف التضمين: «ألّا يقوم معنى البيت بنفسه، حتّى يؤتى بما بعده، وبعضه أحسن من بعض، وسُمّي تضميناً لأنّ كلّ واحد من البيتين مضمّن بصاحبه محتاج إليه، فإن كان في أوّل البيت كان أحسن منه إذا كان في القافية»[65].

ابن رشيق أيضاً في تعريفه للتضمين، جمع بين ما ارتبط بكلمة الروي، وما ارتبط بما قبلها، جاعلاً ما ارتبط بما قبلها أسهل مما ارتبط بها. قال: «والتضمين أن تتعلق القافية أو لفظة مما قبلها بما بعدها (...)، وكلما كانت اللفظة المتعلقة بالبيت الثاني بعيدة من القافية كان أسهل عيباً من التضمين»[66]. ومثله في ذلك الداميني، الذي ربط التضمين المعيب بتعلق كلمة الروي، أما إذا ارتبط شيء في بيت سابق، غير كلمة رويه ببيت لاحق، فليس عيباً، معللاً ذلك بالقول: «كلمة الروي محل الوقف والاستراحة، فإذا افتقرت لما بعدها لم يصح الوقف عليها، فخرجت عن اللائق بها، أما إذا سلمت هي من الافتقار، فلا عيب لانتفاء هذا المحذور»[67].

ابن الأنباري هو الآخر عرّف التضمين بشكل عام، ثم ميز فيه بين ضربين، الأول ما كان غير متعلق بالقافية، معتبراً إياه من صنعة الشعر، بينما أخرج الثاني من صنعة الشعر لتعلقه بالقافية واعتبره عيباً. قال: «التضمين هو ألا يتم معنى البيت إلّا بالذي بعده، وهو

على ضربين، أحدهما يدخل في صنعة الشعر (...)، والثاني لا يدخل في صنعة الشعر، وهو أن تتعلّق قافية البيت بالّذي بعده، وهو عيب من عيوب الشعر»[68]. وقد نحا نحوه المرزباني، فبعد أن عالج شاهداً للتضمين الذي يتعلق بكلمة الروي معتبراً إياه عيباً، انتقل إلى شاهد آخر تعلّق فيه التضمين بغير كلمة الروي، وعلّق عليه بالقول: «فليس ذا بمعيب عندهم وإن كان مضمناً، لأن التضمين لم يحلل قافية البيت الأول»[69].

جـ ــ الاتصال بالبديع: نقصد به اندراج بعض التضمينات ضمن أساليب البديع، والحديث هنا عن التضمين الدلالي (الاقتضاء)، القائم على تفصيل ما ورد مجملاً، والذي تندرج تحته بعض أساليب البديع، هي (الجمع مع التقسيم) و(الجمع مع التفريق)، فوقوع التضمين بهذين الأسلوبين، يخرجه من دائرة العيب، ويجعله مكوناً مستحسناً، يتفاعل فيه التقطيع النظمي مع التمفصل الدلالي، فهما يؤديان إلى «تقسيم نظمي ترصيعي، أي إلى التوازن الإيقاعي، فتعود المقابلة بين محتوى القرائن، لتلعب دور منشط الفاعلية الشعرية (...)، وهكذا يدخل التقطيع الترصيعي، لتقوية جانب الاقتضاء، وفصله نهائياً عن التضمين المعيب»[70].

هذا الاعتبار نجده لدى التبريزي في قوله: «التّضمين هو أن تتعلّة قافية البيت الأول بالبيت الثاني (..)، ومن التضمين ضرب آخر، يكون البيت الأول منه قائماً بنفسه، يدل على جمل غير مفسرة، ويكون في البيت الثاني تفسير تلك الجمل، فيكون الثاني يقتضي الأول، كاقتضاء الأول له، فهذا ليس بعيب، والأول عيب»[71]. ونجد الاعتبار نفسه

لدى الإربلي في قوله عن التضمين: «منه نوع آخر، وهو أن يكون البيت قائماً بجملة تتم معنى الجملة فيه، إلا أنه يحتاج إلى تفسير تلك الجملة، فيحتاج إلى بيت يفسّرها، وذلك غير معيب»[72].

نفس الاعتبار نجده لدى البغدادي أيضاً في قوله: «إذا كان البيت الأول جملة أو جملاً تامة، غير أنّ فيه إجمالاً يحتاج إلى تفصيل، أو إبهاماً يفتقر إلى تفسير، أو معنى يتم بما يعطف عليه ويوصل به، فإن أردِف بيت أو أبيات تتضمن ذلك، لم يكن ذلك من العيب في شيء، بل كان حسناً»[73]. واعتمد الشنتريني الاعتبار نفسه قائلاً: «وأما التضمين، فهو ألا يتم معنى البيت إلا بما بعده، سواء تم اللفظ أو لم يتم، غير أنه إذا تم لفظ البيت الأول، وجاء البيت الثاني كالمفسر له والمبين لمعناه لم يكن عيباً»[74]. وعلى منوال هؤلاء، سار مجموعة من العروضيين، حسب ما نقله الدمنهوري في (الحاشية الكبرى)، إذ يتفقون على القول بأنّ «التضمين تعلق قافية البيت بما بعده، بأن كان البيت الأول غير مستقل بنفسه، فإن كان مستقلاً بنفسه، لكنه مشتمل على ما يفتقر تفسيره إلى الثاني فليس بعيب»[75].

إذا كان الدارسون انتبهوا إلى التضمين الدلالي (الاقتضاء)، باعتباره أحد أنواع التضمين الخارجي الثلاثة السابقة، التي تقع بين الأبيات، والذي يقع به التضمين بديعياً في أسلوبي (الجمع مع التقسيم) و(الجمع مع التفريق)، فيخرُج من خانة المعيب، فإنّهم أغفلوا التضمين الداخلي الجاري على مستوى البيت، والذي يقع في إطار أسلوب بديعي آخر هو التصريع، فوقوع التضمين في البيت المصرّع، وهو البيت الذي يحقق مفهوم التضمين الداخلي كما سنرى، يخرِج التضمين

من دائرة العيوب، ويجعل له الاستحسان الذي للتصريع، أي يصبح استحسان التضمين من استحسان التصريع، فينسحب عليه ما ينسحب على التصريع، واعتماد الشعراء للتضمين في إطار التصريع، لم يثر أي إشكالات ترفضه، بل على العكس، تمت دراسة مراتبه في التصريع، كما سيأتي ذلك في الحديث عن إشكالية التضمين الداخلي.

5 – أسلوبية التضمين المعيب:

إذا كانت الشعرية العربية القديمة في معظمها لم ترتضِ التضمين، إذ كانت تُعلي من شأن وحدة البيت واستقلاله، وتحرص على الاتّساق بين البنيتين النظمية والدلالية فيه، فإنّ بعض القراءات أعادت النظر في تناول التفكير النقدي القديم للظاهرة، وبشكل خاص التضمين التركيبي (الإسنادي) المعيب، إذ ترى أنّ هذا النوع من التضمين، «تعرّض للظّلم، حيث إنّه لم يَلْقَ عناية كافية، ولم يتمّ الالتفات إليه والحديث عنه، إلّا في إطار النظرة السلبية عند معظم النّقاد، معتبرين إيّاه قصوراً فنّياً وتراجعاً (...) في مستوى الشاعر»[76].

كان الأجدى بالشعريين القدامى الذين استقبحوا التضمين التركيبي، مواجهته بالتحليل والتأويل الفنّيين، والنظر إليه بوصفه آلية من آليات إنتاج الدّلالة واستيعاب المعاني، من منطلق أنّ اللّغة الشعرية، لا تتواصل بنفس الطريقة التي تتواصل بها اللّغة العادية[77]، وأنّ قواعد النحو في الاستعمال الشعري، لها طاقة تعبيرية لا تكون لها في الاستعمال العادي، كما يشير لذلك يوري لوتمان حين قال: «من الحق أن يقال، إنّ القواعد النحوية التي تستخدم في اللغة العامة استخداماً

عفوياً، وربما دون وعي، تتحول في الشعر وعلى قلم المبدع، إلى بنية ذات مغزى، ومن ثَمّ تحظى بما لم يكن معتاداً فيها من طاقة تعبيرية، وما ذلك إلّا بفضل اندراجها في ما ليس معتاداً أيضاً من التقابلات»[78].

بهذا المعنى فإنّ قصور النقاد قديماً، كان في عدم فصلهم بين الكائن والممكن، أي بين الصياغة التي ترد ضعيفة بالتضمين، على نحو ما نجد في التضمين المعجمي، وبين ما ينبغي أن يكون عليه الأمر، لو استدعاه الشاعر وأورده بصياغة لا مجال للطّعن في فاعليتها، وقدرتها على توزيع المعنى في أكثر من بيت، كما هو الأمر في التضمين التركيبي[79]. ومن هذا المنطلق، أُتُّجِهَ إلى قراءة الأخير قراءة ثانية، وفق سياقات المدارس النقدية الحديثة، وعلى غير ما تعرّض له النّقاد والعروضيون القدامى في مدوّناتهم، سعياً لردّ الاعتبار له، والنظر إليه بوصفه أسلوباً جديداً في الكتابة الشعرية[80]، ومكوناً أساساً في بناء المعنى، بأن يجيء به الشاعر موزّعاً، بدلاً من أن يزجّ به في بيت واحد يلوي فيه كامل انفعالاته[81].

إنّ العودة إلى مجموعة من شواهد التضمين التركيبي (الإسنادي) في المدونات القديمة، والنظر إليها بنظرة جديدة، يكشف أنّ الكتابة الشعرية مخاض ومعاناة، يكون فيهما المبدع واقعاً تحت تأثير انفعالات صعبة جدّاً، هاجسه في ذلك تجاوز أزمته النفسية، غير آبه في تلك اللّحظة، لما يُنظّر له النقد ونقّاده، لأنّ سَقْفَ الانفعالات في أعلى مستوياته[82]. فأبو هلال العسكري مثلاً، بعد أن عرّف التضمين استشهد له ببيتين لقيس بن الملوح هما قوله (بحر الوافر التام):

1 ــ كَأَنَّ القَلْـبَ لَيْلَـــةَ قِيلَ يُغْدَى

بِلَيْلَى العَــامِرِيّـةِ أَوْ يُــرَاحُ

2 ـ قَطَــاةٌ غَرّهَــا شَـــرَكٌ فَبَاتَتْ

تُجَاذِبُــهُ وَقَــدْ عَلِقَ الجَنَـــاحُ⁽⁸³⁾

ثم علّق عليهما قائلاً: «فلم يُتِم المعنى في البيت الأوّل حتّى أتمّه في البيت الثاني، وهو قبيح»⁽⁸⁴⁾. فأبو هلال العسكري يفصح بقبح التضمين في البيتين، إذ «من الواضح أنّ الصورة الشيّقة في هذه الأبيات الغزلية العذبة، لم تشفع للشاعر عند البلاغي المعياري الصارم، الّذي يرى في البيت وحدة نحوية، لا ينبغي أن تظلّ مفتوحة بأيّ شكل من الأشكال على البيت المجاور لها»⁽⁸⁵⁾، غير فاسح المجال لقول الشعر بطريقة مختلفة، واصفاً ذلك بالقبح، وفي هذا مصادرة لحقّ الشاعر في حرّية التعبير الإبداعي، ومصادرة لإمكاناته الفنّية في التجريب⁽⁸⁶⁾. على أنّ العسكري «لم يكن شاذاً في هذا الموقف، بل هو يعبّر (...) عن النّزوع الجزئي اللّفظي للبلاغة العربية، المتجذّرة في التربة الثقافية والجمالية القديمة، التي تعتبر البيت الشعري الوحدة الأساسية المكتملة، والقافية بابها الموصد، على أنْ تتساوى الأبيات في نهاية المطاف، لكن لكلّ بيت كينونته وأسراره، وهو مستقلّ بذاته، وقابل فحسب لحسن الجوار مع غيره، لكنّه لا يكاد يكوّن معه أسرة متمازجة»⁽⁸⁷⁾.

الحقيقة أنّ للتضمين في البيتين السابقين فاعلية تركيبية، فالشاعر تحت تأثير حالة انفعالية قاهرة، لم يستطع معها أن ينهي زخم الدفقة الشعورية في تركيب محدد يسعه بيت شعري واحد، ومن هنا احتاج

إلى بناء الموقف النفسي وإخراجه بشكل متكامل، إلى بيت شعري آخر عَلَّهُ يفي بذلك، ما يعني أنّ الفصل الإسنادي هنا، يسهم في توجيه مسار الدفقة الشعورية، فتأخير خبر (كأنّ) إلى بداية البيت الشعري الثاني، ليس عبثاً بالمركب الإسنادي، وإنّما مطلب لرفع درجة التهيّؤ النفسي لدى المتلقي المنتظر للجواب من جهة، ولمنح التشبيه من جهة ثانية دوراً في المشهد النفسي، فقلب الشاعر معلّق سجين، كالقطاة السجينة في الشرك، فلا هو قادر على ترك ليلاه، ولا القطاة قادرة على مبارحة شركها[88]. فأين القبح في هذا الّذي قام به الشاعر؟ بل القبح هو أن نصف اجتهاده في توزيع المعنى بين بيتين، بدلاً من حصره داخل بيت واحد بالقبيح، دون مراعاة للحالة النفسية التي كان عليها، والعواطف الجيّاشة الملتاعة التي كانت تضطرم نارها في داخله، محتّمة عليه انتداب بيت ثان لإفراغها وإبرازها بالشكل الّذي ينبغي لها.

من شواهد التضمين التركيبي أيضاً، التي تواترت في المدونات القديمة، قول النابغة الذبياني (بحر الوافر التام):

1 – وَهُمْ وَرَدُوا الجِفَارَ عَلَى تَمِيمٍ
وَهُـمْ أَصْحَـابُ يَوْمِ عُـكَاظٍ إِنِّي

2 – شَهِدْتُ لَهُمْ مَوَاطِنَ صَالِحَاتٍ
وَثِقْتُ لَهُمْ بِحُسْـنِ الظَنِّ مِنِّي[89]

فكثيراً ما يساق هذا الشاهد الشعري، على أنّه مثال نموذجي للتضمين المعيب عند النقاد والعروضيين، وذلك لكون الفصل

الإسنادي فيه حادًّا، وواضحاً وضوحاً كبيراً، إذ كيف يعلّل أن ينتهي البيت بـ(إنّي)، الّتي تظلّ مفتقرة إلى خبرها المتعلق بها. وهنا يؤكد لوتمان جوهرية الضمائر وأثرها في البنية التركيبية، حيث قال: «إنّ الضمائر على وجه العموم، جوهرية للغاية، من أجل إثبات تأثير البنية النحوية في معمار النص الشعري»[90] .

إنّ إنعام النظر في هذين البيتين، يكشف عن فاعلية تركيبية للتضمين فيهما، فرضها السياق الاجتماعي الّذي وردا فيه، وهو الحماسة القبلية[91]، ذلك أنّ الشاعر أراد أن يعكس دوره الخاص في الفخر بقبيلته، فجعل ضمير المتكلم (إنّي) يحتلّ موقع القافية، لأنّه أشهر موضع في البيت وأشدّه تلبساً بعناية النفس على حدّ تعبير حازم[92]، تبقى نفس المتلقي السامع متفرغة لملاحظته والاشتغال به، فاستثمر الشاعر فيه ضمير الأنا من أجل أن يلفت نظر الآخرين إلى ذاته[93] .

بهذا المعنى فإنّ التضمين هنا، جاء ليؤكّد الشجاعة التي يفتخر بها الشاعر ويُثْبِتُهَا لأفراد قبيلته، ولا يجد أكثر من أن يثبت هذا بنفسه (إنّي)، فاختار موقع القافية لذلك، ما فرض عليه إرسال خبر (إنّ) لصدر البيت الثاني، ليأتي جملة فعلية في محلّ رفع، أضفت على أنا الشاعر (إني) درجة عالية من الموثوقية لا مجال لإنكارها (شهدت لهم)، أي إنّ شهادة الشاعر لقبيلته، أشعرته أنّه لم يوفّ القبيلة حقّها، فاتجه ليؤكّد هذا بنفسه (إنّي)، وليعطي شهادته مصداقية عالية، باعتباره شاهد عيان، يراقب عن كثب كلّ فعل جميل لقبيلته، ومن أجل استيفاء هذا المعنى لحقّه انتدب التضمين[94] .

في المنحى الأسلوبي دائماً، نجد عبد القاهر الجرجاني (ت 474/471هـ) يعالج التضمين التركيبي سياقياً، في شاهد شعري لكثير عزّة، قال فيه (بحر الطويل):

1 – وَإِنِّي وَتَهْيَامِـي بِعَزَّةَ بَعْدَمَا
تَخَلَّيْـتُ مِمَّـا بَيْنَنَـا وَتَخَلَّتِ

2 – لَكَالمُرْتَجِي ظِلَّ الغَمَامَةِ كُلَّمَا
تَبَـوَّأ مِنْهَا لِلْمَقِيـلِ اضْمَحَلّتِ [95]

وقد علّق الجرجاني عليه بالقول: «واعلم أنّ مما هو أصل، أن يدقّ النظر ويغمض المسلك، في توخّي المعاني التي عرفت، أن تتّحد أجزاء الكلام، ويدخل بعضها ببعض، ويشتدّ ارتباط ثان بأوّل، وأن يحتاج في الجملة أن تضعها في النفس وضعاً واحداً، وأن يكون حالك فيها حال الباني الّذي يضع بيمينه ههنا، في حال ما يضع بيساره هناك»[96].

إنّ في حديث الرجل هنا، إصراراً على الخيط النفسي والعاطفي الموصول بين البيتين، إذ يَنظر إليهما بوصفهما بناء معمارياً كاملاً لا يمكن تجزئته. وهذه نظرة أسلوبية في التحليل، تتجاوز النظرة التي تعلي من شأن استقلال البيت[97]. فالتضمين في البيتين مرتبط سياقياً بحالة عاطفية متوجسة يعيشها الشاعر، مع ما يشوبها من توتّر وقلق ورعب، فهو في حالة نفسية متخوّف فيها من شبح الفقد الّذي يطارده، والضياع الّذي يخشى أن يلّفه، بسبب إعراض عزّة وصدّها[98]، فلم يكن البيت الواحد كافياً لنقل كل تفاصيل حالة الترقب والفزع هاته،

ما جعله يوزع المعنى على بيتين، بمعنى أنّ شروط الإبداع النفسية، كانت أقوى من أيّ قاعدة يضعها الناقد البلاغي، أو العروضي المعياري الصارم.

انطلاقاً مما تقدم، يغدو التضمين التركيبي أداة لها فاعليتها، تُضاف إلى باقي الأدوات المسعفة للشاعر في نقل انفعالاته وتجاربه للمتلقّي لإشراكه فيها، إذ يمكن القول بالاحتكام إلى الشواهد السابقة، أنّ الشعراء لو أرادوا المرور هكذا على تلك المشاعر المضطرمة، لما احتاجوا استدعاء التضمين أصلاً[99]، لكن سعيهم إلى إبراز انفعالاتهم، جعلهم ينتدبونه لنقل حرارة هذه الانفعالات، جاعلين الأسبقية لشروط الإبداع النفسية على شروط الإبداع النقدية، وهذا يمنح الاعتبار للتضمين في عملية الإبداع الشعري، إذ يصبح من الوسائل الفنية المساندة للشاعر في مهمّته الإبداعية، الناقلة لتجاربه الانفعالية[100].

الهوامش:

1 – الخصائص، ابن جني، ج 2، ص 310.

2 – جوهر الكنز، نجم الدين بن الأثير الحلبي، ص 262.

3 – التضمين في النحو: إعطاء فعل معنى فعل آخر. وعنه قال ابن جنّي: «اعلم أنّ الفعل إذا كان بمعنى فعل آخر، وكان أحدهما يتعدّى بحرف والآخر بآخر، فإنّ العرب قد تتّسع فتوقع أحد الحرفين موقع صاحبه، إيذاناً بأنّ هذا الفعل في معنى ذلك الآخر، فلذلك جيئ معه بالحرف المعتاد مع ما هو في معناه (...)، ووجدتُ في اللّغة من هذا الفنّ شيئاً كثيراً لا يكاد يحاط به، لو جُمع أكثره لجاء كتاباً ضخماً» (الخصائص، ابن جنّي، ج 2، ص 308 – 310). أمّا في البلاغة (البديع) فهو أن يُضمّن المتكلّم كلامه كلمة من بيت شـعر، أو من آية، أو معنى مجرّداً من كلام، أو مثلاً سـائراً، أو جملة مفيدة، أو فقرة من حِكمة، أي أن يُضمّن الشـاعر شعره أو الناثر كلامه، كلام غيره ليكون للكلام طلاوة وحلاوة بالتضمين، لا سيما إذا كان التضمين آية من آي القرآن الكريم، أو فقرة من الحديث النبوي الشـريف، والبعـض يميز في هذا الإطار بين التضمين والاقتباس فيجعل الأخير لما كان من القرآن الكريم والحديث الشريف، والتضمين لما دونهما وخاصة الشعر. (جوهر الكنـز، ابن الأثير الحلبـي، ص 262. تحرير التحبير، ابن أبي الإصبع المصري، ج 1، ص 140).

4 – لسان العرب، ابن منظور، ص 2611.

5 – الإقناع في العروض، ابن عباد، ص 185.

6 – كتاب القوافي، الجوهري، ص 138.

7 – العقد الفريد، ابن عبد ربه، ج 6، ص 355.

8 – مفتاح العلوم، السكاكي، ص 697.

9 ـ المصدر السابق نفسه، الصفحة ذاتها.

10 ـ الوافي في القوافي، ابن الفرخان، ص 94.

11 ـ التضمين العروضي، هاشم العزّام، ص 483ـ488.

12 ـ المرجع السابق نفسه، ص 489.

13 ـ القصيدة المغربية المعاصرة، عبد الله راجع، ج 1، ص 101.

14 ـ كتاب القوافي، الإربلي، ص 201ـ202.

15 ـ القافية هي الأصل، ديمة شكر، ص 166 ـ 167.

16 ـ المرجع السابق نفسه، ص 170.

17 ـ شعرية القصيدة العربية المعاصرة، محمد العياشي كنوني، ص 128.

18 ـ المرجع السابق نفسه، ص 129.

19 ـ المثل السائر في أدب الكاتب والشاعر، ابن الأثير، ج 3، ص 201.

20 ـ كتاب الصناعتين، أبو هلال العسكري، ص 26.

21 ـ الفصول في القوافي، ابن الدهان، ص 94 ـ 95.

22 ـ الوافي في علمي العروض والقوافي، العبيدي، ج 2، ص 682.

23 ـ شرح بانت سعاد، ابن هشام، ص 154.

24 ـ حاشية على شرح بانت سعاد، عبد القادر البغدادي، ج 2، ق 1، ص 579.

25 ـ المصدر نفسه، ج 2، ق 1، ص 574.

26 ـ تفاعل الصوت والدلالة في البنية الإيقاعية للشعر، محمد العمري، ص 55.

27 ـ منهاج البلغاء، حازم القرطاجني، ص 276.

28 ـ النشر في القراءات العشر، ابن الجزري، ج 1، ص 230 ـ 231.

29 ـ حاشية على شرح بانت سعاد، البغدادي، ج 2، ق 1، ص 573 ـ 574.

30 ـ ديوان النابغة الذبياني، ص 138.

31 ـ ديوان علال الفاسي، ج 1، ص 84.

32 ـ النبوغ المغربي في الأدب العربي، عبد الله كنون، ج 3، ص 687.

33 ـ تعليق أمالي ابن دريد، ابن دريد، ص 96 ـ 97.

34 – عصافير بلا أجنحة، ديوان محمود درويش، ص 105.

35 – شعرية القصيدة العربية المعاصرة، محمد العياشي كنوني، ص 129.

36 – تفاعل الصوت والدلالة في البنية الإيقاعية للشعر، محمد العمري، ص 53.

37 – الكافي في علم العروض والقوافي، التبريزي، ص 166.

38 – الموشح في مآخذ العلماء على الشعراء، المرزباني، ص 54.

39 – مـن الدارسـين الذي قالـوا بذلك: محمـد العمري في بحثـه السـابق (تفاعل الصوت والدلالة في البنية الإيقاعية للشـعر) ص 53، ومصطفى الشليح في كتابه (في بلاغة القصيدة المغربية) ص 304.

40 – علم البديع، عبد العزيز عتيق، ص 158.

41 – المرجع السابق نفسه، ص 160.

42 – النبوغ المغربي في الأدب العربي، عبد الله كنون، ج 3، ص 687.

43 – ديوان علال الفاسي، ج 1، ص 144.

44 – تفاعل الصوت والدلالة في البنية الإيقاعية للشعر، محمد العمري، ص 58.

45 – عدنا إلى كتاب المبرد في القوافي، وهو (القوافي وما اشتقّت ألقابها منه) فلم نعثر على هذه الأبيات فيه.

46 – سرّ الفصاحة، ابن سنان الخفاجي، ص 186 – 187.

47 – الفصول والغايات، أبو العلاء المعري، ص 446 – 447.

48 – منهاج البلغاء، حازم القرطاجني، ص 277.

49 – الباقي من كتاب القوافي، حازم القرطاجني، ص 39 – 40.

50 – الفصول والغايات، أبو العلاء المعري، ص 447.

51 – سرّ الفصاحة، ابن سنان الخفاجي، ص 186 – 187.

52 – الوافي في علمي العروض والقوافي، العبيدي، ج 2، ص 682.

53 – الحاشية الكبرى، الدمنهوري، ص 98.

54 – تلقيب القوافي وتلقيب حركاتها، ابن كيسان، ص 274.

55 – المثل السائر، ابن الأثير، ج 3، ص 201.

56 – انظر كتابه: الشعر والشعراء، ج 1، ص 95 – 103.

57 – انظر كتابه: تأويل مشكل القرآن، ابن قتيبة، ص 18 – 20.

58 – تلقيب القوافي، ابن كيسان، ص 275 – 276.

59 – مفتاح العلوم، السكاكي، ص 697.

60 – لابن المعتز قصيدة من مجزوء الكامل على قافية الميم، نحا فيها نحو أبي العتاهية. انظر في ذلك: شعر عبد الله بن المعتز، صنعة أبي بكر الصولي، تصحيح ب. لوين، مطبعة المعارف، إسطنبول، 1945م، ج 4، ص 231.

61 – أبو العتاهية، أشعاره وأخباره، ابن عبد البرّ، تكملة الديوان، ص 638.

62 – مفتاح العلوم، السكاكي، ص 698.

63 – كتاب القوافي، الإربلي، ص 189.

64 – حاشية على شرح بانت سعاد، البغدادي، ج 2، ق 1، ص 575.

65 – الفصول في القوافي، ابن الدهان، ص 93 – 94.

66 – العمدة في محاسن الشعر وآدابه، ابن رشيق، ج 1، ص 171.

67 – الحاشية الكبرى، الدمنهوري، ص 99.

68 – اللّمعة في صنعة الشعر، الأنباري، ص 67.

69 – الموشح في مآخذ العلماء على الشعراء، المرزباني، ص 54.

70 – تفاعل الصوت والدلالة في البنية الإيقاعية للشعر، محمد العمري، ص 54.

71 – الكافي في علم العروض والقوافي، التبريزي، ص 166.

72 – كتاب القوافي، الإربلي، ص 199.

73 – حاشية على شرح بانت سعاد، البغدادي، ج 2، ق 1، ص 573.

74 – المعيار في أوزان الأشعار، الشنتريني، ص 104.

75 – الحاشية الكبرى، الدمنهوري، ص 99.

76 – التضمين العروضي، هاشم العزّام، ص 482 – 483.

77 – المرجع نفسه، ص 486.

78 – تحليل النص الشعري: بنية القصيدة، يوري لوتمان، ص 112.

79 – القصيدة المغربية المعاصرة، عبد الله راجع، ج 1، ص 102.

80 – التضمين العروضي، هاشم العزّام، ص 482.

81 – المرجع السابق نفسه، ص 484.

82 – المرجع السابق نفسه، ص 488.

83 – ديوان مجنون ليلى، رواية أبي بكر الوالبي، ص 113.

84 – كتاب الصناعتين: الكتابة والشعر، أبو هلال العسكري، ص 36.

85 – بلاغة الخطاب وعلم النص، صلاح فضل، ص 245.

86 – التضمين العروضي، هاشم العزام، ص 489.

87 – بلاغة الخطاب وعلم النص، صلاح فضل، ص 245.

88 – التضمين العروضي، هاشم العزام، ص 490 – 491.

89 – ديوان النابغة الذبياني، ص 138.

90 – تحليل النص الشعري، يوري لوتمان، ص 121.

91 – انظـر مناسبة القصيدة في (حاشـية على شـرح بانت سـعاد)، عبد القادر البغدادي، ج 2، ق 1، ص 575.

92 – منهاج البلغاء، حازم القرطاجني، ص 276.

93 – التضمين العروضي، هاشم العزّام، ص 491 – 492.

94 – المرجع السابق نفسه، ص 492.

95 – ديوان كثير عزّة، ص 103.

96 – دلائل الإعجاز، عبد القاهر الجرجاني، ص 93.

97 – التضمين العروضي، هاشم العزّام، ص 493.

98 – المرجع السابق نفسه، ص 493 – 494.

99 – المرجع السابق نفسه، الصفحة ذاتها.

100 – المرجع السابق نفسه، ص 485 – 486.

التضمين في الشعرية المعاصرة
ضبط الحضور النصي وإشكالاته

1 – التضمين في المدونات الحديثة:

حظي التضمين في المدونات النقدية الحديثة بعناية كبيرة، إذ أولاه الشعريون المعاصرون أهمية معتبَرة في نقاشاتهم لقضايا الإطار الموسيقي الجديد، وذلك راجع بالأساس إلى كون المنجز الشعري المعاصر زاخراً بالتضمين، إذ لا تكاد تخلو منه قصائده. والمتأمل في الآراء النقدية الصادرة حول التضمين، يتضح له أنها لا تخرج عن نطاقات محددة، منها ما يتصل بتكسيره لصلابة الوزن أو الوقفة العروضية، ومنها ما يربطه بمسألة الوحدة العضوية للقصيدة، بدل وحدة البيت واستقلاليته، وبعضها يشير إلى فاعليته بانتقاله من عنصر مهمش معيب، إلى عنصر دال على الإبداع، فيما وقفت آراء أخرى عند العمدية فيه والمقصدية منه.

أ ــ **التضمين اختراق للوقفة العروضية:** يشير عدد من الدارسين في هذه النقطة، إلى أنّ التضمين كسر صلابة الوزن، وحدّة الجرس الموسيقي القديم. فالناقد أحمد المجاطي في حديثه عن المرونة التي عرفها الإطار الإيقاعي قديماً، اعتبر التضمين وسيلة من الوسائل التي لجأ لها الشاعر القديم لتكسير صلابة الوزن في القصيدة، والتخلص من حصر المعنى داخل البيت الواحد، ولوناً من الحرية

التي استثمرها لتوزيع الدفقة الشعورية على أكثر من بيت، بدل الزج بها في بيت واحد. قال: «لا يخفى أنّ في ربط معاني الأبيات بعضها ببعض، حدّاً من استقلال البيت بجزء من معنى القصيدة، وصَوْناً لأفكار الشاعر وعواطفه من أن تصب في قوالب متساوية، وأنّ من شأن ذلك أن يمنح الشاعر قدراً من الحرية، يتيح له أن يعبر عن الدفقة الشعورية الواحدة، بأكثر من وحدة موسيقية هي البيت»[1].

نجد الناقد محمد النويهي أيضاً، في حديثه عما سمّاها عيوب الشكل الشعري القديم، يشير إلى أنّ عيوب القافية ومنها التضمين، كانت تنويعات من الشعراء، يلجؤون إليها للتخفيف من حدّة الجرس الموسيقي للقصيدة، وأنها كانت كثيرة في الشعر العربي القديم، ومستباحة فيه، لا تنفر منها الأذن العربية، وما حصل من استقباح لها ودخول في دائرة العيب، كان بعد وضع علمي العروض والقافية، اللذين كانا يبحثان عن الانضباط التام للنغم، فألحق العروضيون ما رأوا فيه إخلالاً بهذا الانضباط، بمسمى عيوب القافية أو عيوب الشعر. قال: «أما إباحات القافية التي استباحها الشعراء القدامى، فكثيرة متنوعة، وكتب العروض نفسها، تحفل بعدد كبير من أمثلة الإقواء، والإيطاء، والإكفاء، والإجازة، والتضمين وغيرها. مما يدلنا أنّ هذه التنويعات التي تخفف حدّة الجرس، كانت كثيرة في الشعر القديم، لا تنفر منها الأذن العربية الصريحة، حتى وضع علم العروض والقافية، وعدّت الإباحات عيوباً قبيحة، وصارت الأذن مستعبدة استعباداً تاماً للنغم التام الانضباط»[2].

الناقد مصطفى الشليح، خلال حديثه عن التمظهرات الصوتية

للشعر المغربي، في كتابه (بلاغة القصيدة المغربية)، يعتبر التضمين مظهراً ثالثاً من المظاهر التي آذنت بتحول صوتي ينزاح عن المعيار، للخلوص إلى قصيدة مغربية تشاكس التراث بتعبيره، حين قال: «نذهب إلى أنّ التضمين ذو شاعرية، تكمن في سيادة الوقفة الدلالية على النحوية والنظمية، وتنبري من شمولية بدء التعبير بالصورة، والاسترسال بالكتابة الشعرية، بتخطي الزمن التقليدي للبيت الشعري، ومسافته الإيقاعية، التي تحتكم إلى الوزن اصطباحاً واغتباقاً»[3].

وخلاصة ما في هذه النقطة، أنّ التضمين يأتي على محور التعارض بين الوزن والتركيب، بحيث يخلق نوعاً من الموازاة العروضية في مقابل اللاموازاة الدلالية، لأنّه يحصل حيث لا تقتضيه الدلالة، فاصلاً بذلك بين عناصر متعالقة أشدّ التعالق تركيبياً[4]، وهو ما يربك الإحساس بالوقفة العروضية، كاسراً صلابة الوزن، الذي يكون حاداً في الوقفة الثلاثية. يقول جون كوهين: «التضمين[5] بالمعنى الدّقيق، ليس في الواقع إلا حالة خاصّة، من التعارض بين الوزن والتركيب (...) هذا التعارض يقوم على النافس بين نسقين من الوقفة، يتعذّر التمييز بينهما، واختزال هذا التعارض، قد يستلزم لقاء تاماً بين الوقفة العروضية والوقفة الدلالية»[6].

ب – **التضمين مصدر للوحدة العضوية:** تكاد مسألة الوحدة العضوية للتضمين، تهيمن على النقاشات التي ارتبطت به، إذ نجد معظم الدارسين يشيرون إلى كون التضمين مصدراً للوحدة العضوية في القصائد، فعبد الله الغذامي وهو من النقاد المعاصرين،

يرى في التضمين دلالات فنية، وقدرات بيانية، تسهم في الوحدة العضوية للقصيدة، لذلك نجده يعاتب العروضيين على إدراجه في العيوب الشعرية قائلاً: «العروضيون ما كانوا على حق عندما جعلوا التضمين عيباً، ففيه امتداد لنفس الشاعر، يدل على قدرة بيانية، وله دلالات فنية، تتجه نحو ربط القصيدة ربطاً عضوياً، يقضي على وحدة البيت واستقلاليته، وهو ما ظل النقد الحديث يحاول إدخاله إلى الشعر العربي»[7].

الناقد شعبان صلاح هو الآخر، في دراسته لموسيقى الشعر الحر، وقف عند التضمين، معتبراً إياه من سمات هذا الشعر، ومما يحقق الوحدة العضوية فيه، مبرزاً أنّ الشاعر المعاصر لم يعد يعترف بتصنيف القدماء له في دائرة العيوب. قال: «العيوب التي عددها القدماء للقافية، ضرِب بها في الشعر الحر عرض الحائط، ولم تعد موضع اهتمام من الشعراء، فالتضمين بمفهومه العروضي، سمة بارزة من سمات الشعر الحر، ومن النادر أن تجد قصيدة حرة تخلو منه، بل إنّه عدّ من أسباب أخذ بعض أبيات القصيدة بحجز بعض، بما يحقق مفهوم الوحدة العضوية»[8].

نزار قباني تحدث بطريقة شاعرية عن التحول الذي عرفه التضمين من قصيدة الشطرين إلى قصيدة الشعر الحر، فعن التضمين في قصيدة الشطرين، يرى أنّ هندسة القصيدة المتناظرة، جعلتها قصيدة البيت الواحد، ما يعني رفضاً للتضمين، إذ نجده يقول في حديث له عن معركة اليمين واليسار في الشعر العربي: «هندسة القصيدة التقليدية هندسة مسطحة، تعتمد على الخطوط الأفقية وعلى

التقابل والتناظر (...) هذه الطريقة في عمارة القصيدة العربية، جعلتها قصيدة بيت واحد، نستعمله في حديثنا حكمة مرسلة، ونعلقه على جدران بيوتنا مكتوباً بماء الذهب، وليس (بيت القصيد) كما عرفناه، سوى ذلك البيت الذي كتبه الشاعر في لحظة انسيابه الحر»[9]. ويعلّل نزار تجنّب التضمين في القصيدة قديماً بالحياة الاجتماعية للشاعر، التي فرضت عليه الاقتصاد في التعبير تسهيلاً للحفظ والرواية. قال: «ربما كانت ظروف الشاعر العربي القديم، وحياته غير المستقرّة، وعدم توفر أدوات الكتابة بين يديه، هي التي جعلت فنه مخزوناً في طرف لسانه، واضطرّته إلى الإيجاز والتركيز، وتضمين فلسفته وعواطفه ونظرته إلى الوجود، في بيت شعر مكثف يسهل حفظه وروايته»[10].

إذا كان نـزار هنا انتبه إلى التضمين وحضوره في قصيدة الشطرين، فإنّه في مكان آخر رصد التحوّل الذي عرفه التضمين في قصيدة الشعر الحر، وارتباط ذلك بالوحدة العضوية، حين قال: «إنّ بيت الشعر العربي، المنعزل كقلعة أثرية، والمكتفي اكتفاء ذاتياً بجمال صورته، وبراعة صنعته، أو مأثور حكمته، لم يعد يشكّل أيّ أهمية استراتيجية على خارطة الشعر الحديث، حيث الشاعر يخترق جدار العالم، ويضيء كالبرق وجه الأشياء، دون التوقف عند محطات التموين التي كانوا يسمونها أبيات القصيد»[11]. وكلام نزار هنا ناتج عن تأثّره بالوحدة العضوية في القصيدة الأوروبية، ففي مقارنة عقدها بين بيت الشعر العربي والأوروبي، انتصر للأخير كما يفهم من كلام له قال فيه: «البيت في القصيدة الأوروبية ليس

63

عالماً قائماً بذاته، كما في القصيدة العربية، إنه خلية حيّة تعيش بين مجموعة خلايا في كيان عضوي واحد، لذلك كان حذف بيت في القصيدة الأوروبية، معناه تعطيل خلية عن أداء وظيفتها. والقصيدة الأوروبية، بعد ذلك تنمو نمواً متدرجاً داخلياً حتى تصل إلى نقطة التجمع الأخيرة، كما تصبّ الروافد الصغيرة في النهر الكبير»[12].

نجد أيضاً الناقد محمد بنيس، يعتبر التضمين ذا علاقة وطيدة بالوحدة العضوية في النص الشعري المعاصر، إذ يرى أنها كانت مفقودة في الشعر قديماً، وببروزها في الشعر المعاصر، استعاد التضمين وظيفته التي كانت معطّلة، مؤكداً أنّ الشعراء المعاصرين، «تعاملوا مع التضمين كأساس لتركيب النص، في تلاحم لا يعرّض أجزاء النص لوضعية تحوّله إلى مجرّد ركام مشتت الأطراف»[13]. كما أنّه في مقاربته البنيوية له، يعتبرِ التضمين كما فهمه النقاد القدماء وعرّفوه، جانباً من القانون الثاني [14] لبنية البيت في الشعر المغربي المعاصر، وهو قانون يعتمد على احترام الوقفة العروضية، ونسْف الوقفة النظمية والدلالية، حيث انتهى من دراسته له إلى أنّ الشعر المغربي بتبنّيه لهذا القانون التضميني، تخلص من النفس التقليدي السائد، وتقدّم خطوة إيجابية نحو ترسيخ الوحدة العضوية في النص الشعري، لا على المستوى النفسي فقط، ولكن على المستوى الدلالي أيضاً[15].

لقد سار عبد الله راجع على نهج بنيس في هذه الناحية، حين أوضح أنّ الهدف من التضمين هو تكسير الوقفة الثلاثية، واستبدال التماسك العضوي للأبيات بالتماسك النظمي، قال: «كيفما كان الأمر،

فإنّ تفكيك النظم (...) يلتجأ إليه قصد إحداث تماسك وتلاحم بين الأبيات»[16]. وهذا التوجه، نجده أيضاً لدى شكري عياد في دراسته لموسيقى الشعر الحر، إذ نبّه على أنّ الشاعر المعاصر، لم يعد يسمح للوزن بما يتطلبه من وقفة عروضية، أن يفسد عليه الوحدة العضوية لنصه، وإنما يعلق المعنى بين سطوره، مستدعياً «أسلوب التضمين الذي تحدّث عنه القدماء وعابوه، لكنه يفرض نفسه بما يشبه الحتمية الفنية، وكلما تشابهت الصياغة الموسيقية لأسطر الشعر الحر مع الصياغة الكلاسيكية، كان الشاعر أحرص على التضمين»[17].

جـ ـ فاعلية التضمين: ركز بعض الدارسين هنا على الطفرة التي عرفها التضمين، بانتقاله من عنصر معيب في الشعرية القديمة، إلى عنصر من عناصر الإبداع في الشعرية المعاصرة، له فاعليته في النص. فالأستاذ الناقد علي المتقي في دراسته لجوانب الإطار الموسيقي في القصيدة المعاصرة، يرى أنّ التضمين انتقل بأقسامه من بنية البيت إلى بنية السطر الشعري، وأن تغيّر وظيفة اللغة والشعر في الشعرية المعاصرة، أثّر في التضمين، فالوظيفة البيانية قديماً كانت تتوخى كشف المعنى، وبالتالي ترفض كل ما يشوّش عليه ومن ذلك التضمين، أما حديثاً، فالشعر تخلص من تلك الوظيفة، ما سمح للتضمين أن ينتقل من خانة العيب إلى الحسن، قال: «إنّ هذه الأشكال من التضمين كلها، انتقلت مع السطر الشعري والنقد الحديث، من النقيض إلى النقيض، من القبح الشديد، إلى الجمال والإبداع»[18].

في نفس الإطار، نجد تحولاً في موقف نازك الملائكة من التضمين، كما هو الحال في كثير من مواقفها بخصوص قضايا الإطار الموسيقي

في القصيدة المعاصرة، ففي معالجتها للتضمين في الشعر الحرّ، سارت على نهج القدماء بعدّه عيباً، قبل أن تتراجع عن ذلك. وفي تفاصيل هذا، نجدها في البداية تستقبحه في شعر الشطرين المعاصر، حين قالت: «وهو معيب حتى في شعر الشطرين المعاصر»[19]. أما في الشعر الحر، فكانت في البدء تستسيغه في إطار الحرية الممنوحة للشاعر، والتي تسمح له بحقّ الوقوف أينما شاء. قالت: «إنّ الشاعر في الشعر الحرّ، ليس ملزماً أن ينهي المعنى والإعراب عند آخر الشطر، وإنما يجعل من حقه أن يمدهما إلى الشطر التالي أو الذي بعده، وعلى هذا تترك مسألة الوقوف للشاعر، يتصرّف فيها بما يملي عليه ذوقه»[20].

غير أنّ هذا الموقف تغيّر، فبعد دراستها لشكل القصيدة الحرة، لاحظت أنّ هذه الحرية التي منحت للشاعر في إطار التضمين، ساهمت في بلبلة شكل الشعر الحرّ، معتبرة «أنّ أهم عامل يحدث اللبس في شعرنا الحديث هذا، هو أنّ الشاعر لم يعد يتقيّد بقانون استقلال الشطر أو البيت»[21]. ومن هنا طالبت بتحكيم الوزن في كتابة الشعر الحر، بناء على نتيجة تحليلها لنموذج شعري[22]، وجدت فيه «فصلاً شنيعاً متواصلاً، بين أشياء لا تستسيغ اللغة العربية أن يفصل بينها»[23]. معتبرة أنّ الشاعر أهان شعره بهذا الذي سلكه، لأنه ليس له داع أدبي معقول، ومن ثمة يصبح عبثاً لا غاية له[24]. وهذا الموقف الحاد من التضمين الذي صدر عن نازك هنا، والذي كانت تجاري فيه القدماء، سَيَرْسُو على استحسانه مرّة أخرى، إذ انتهت بعد سنوات على آرائها السابقة، إلى أنّ الشاعر المعاصر، أصبح يتعمّد الوقوع في التضمين، على نحو ما سيتضح في النقطة الموالية.

د ــ العمدية والمقصدية في التضمين: نعني بالعمدية هنا، تَعمّد الشعراء الوقوع في التضمين، أي إنّ الأمر منهم ليس صادراً عن جهل بالوقفة الثلاثية. أمّا المقصدية فهي مرتبطة بالعمدية ومقرونة بها، ونعني أنّ الشاعر عندما يتعمّد الوقوع في التضمين، فإنّ له مقاصد من ذلك ترتبط بالتجربة الشعرية التي يعيشها، ويستثمر فيها التضمين، وغالباً ما يكون ذلك لدواع نفسية قاهرة، يصعب معها إيقاف التركيب والدلالة، حيث يقتضي الوزن.

الشاعر والناقد المغربي عبد الله راجع، من الدارسين الذين كان لهم وقوف عند هذه المسألة بتفصيل، في دراسته لقضايا الإطار الموسيقي في القصيدة المغربية المعاصرة، إذ تحدث عن التضمين في تناوله لقوانين الوقفة، معتبراً إياه من صميم التجربة الفنية في القصيدة المعاصرة، مشدّداً على ارتباط تعمّده بمقصدية المبدع، قائلاً: «إنّ عنصر التدفق في القصيدة المعاصرة، وليد عملية تفكيك النظم، قصد القضاء على الانسجام بين الوقفات، والشاعر إنّما يعمد إلى ذلك عن قصد، ولأهداف يتوخاها (...)؛ ولذلك فإنّ عملية تفكيك النظم، وتوفير مجال تنصبّ فيه الأبيات في بعضها نظماً ودلالة، لا يمكن أن يكون عملاً عفوياً يسوده الارتجال، وإنّما هو امتلاك لأدوات أكثر قدرة على استيعاب حرارة التجربة وتدفق الأحاسيس، وأشدّ لصوقاً بالمجال النفسي، الذي يعتبر دعامة أساسية، وخلفية من خلفيات القصيدة الشعرية المعاصرة»[25].

نازك الملائكة أيضاً بعد مواقفها المتقلبة في التضمين، انتهت إلى أنّ الشاعر المعاصر، أصبح يتعمّد الوقوع في التضمين، يلتمسه ويطلبه

قصداً، وأنْ ليس للأمر علاقة بما سمّته هي سابقاً إهمال الشعراء، ومن هنا عادت بعد سنوات وهي تكتب مقدمة الطبعة الخامسة لكتابها (قضايا الشعر المعاصر)، لتدخل التضمين في خبر كان، أي ما كان يعدّ عيباً، خصوصاً وأنها وجدت تجلياً له في المدونات القديمة، فقالت في مقدمتها وهي بصدد التعليق على قصيدة منسوبة لابن دريد: «إنّ الشاعر، سواء أكان ابن دريد أم غيره، قد حطّم استقلال البيت العربي، متعمّداً استعمال ما كان يعدّ عيباً في الشعر وهو التضمين، أي جعلُ البيت مفضياً بمعناه وإعرابه إلى البيت الّذي يليه، وهذا أوّل خروج نعرفه على ما كان مقبولاً في الشعر، ولست أعني أنّ التضمين لم يرد عن العرب، فقد ورد في حالات نادرة وعابوه، وإنّما أريد أنّ الشاعر (...) قد تحدّى العرف الشعري وهو عامد يعي ما يفعل، فالأشطر المذكورة ثورة على قواعد الشعر في ذلك الزّمان»[26].

لا شكّ أنّ نازك في موقفها الأخير من التضمين هنا، كانت تستفيد من الملاحظات الكثيرة، التي كانت للناقد محمد النويهي على آرائها، حين قال بأنّ نازك لا تدرك أنّ «الشاعر يأتي بما يأتي متعمّداً، لا عن وهم ولا عن غفلة، ولا عن جهل بوحدة الشطر، وإنّما هو يدرك تمام الإدراك، أنّ الّذي يأتي به غير مستقلّ معنى ولا موسيقى (...)، ولكنه يفعل ذلك عمداً لأنّ المعنى الّذي يريد أن يؤدّيه والعاطفة التي يريد أن ينقلها تتطلّب هذا التضمين (...) تطلّباً قاهراً، والناقدة (...) تريد أن تحرمنا متعة عميقة، وهزّة قوية، نجدهما في تنويع الإيقاع والنغم، وتقلّب النبرة، وتعليق البيت بالبيت، مطابَقةً لاضطراب العاطفة وتموج تياراتها المتعاقبة»[27].

مما يؤسف له هنا، أنّ بعض الأصوات الحديثة في عصرنا، تأبى إلا أن تقرأ عمدية التضمين في نصوص الشعر المعاصر قراءة بعض السلف، بما تحمله قراءتهم له من تصنيف ضمن خانة العيوب، على نحو ما نجد لدى بعضهم معلقاً على قصيدة للشاعرة الفلسطينية فدوى طوقان، حيث قال دارساً قصيدتها: «من الجدير بالطّرح، أنّ فدوى تتعمّد استخدام التضمين (...) إلا أنّه يعدّ تضميناً معيباً، ذلك أنّها تستعين به في قصيدة بأكملها»[28] .

إنّ الدارسيْن هنا، يصدِران عن تصور ماضوي للتضمين، بدلاً من الاجتهاد في قراءة حضوره النصي قراءة فنّية، خصوصاً وأنّهما يشيران إلى استعانة الشاعرة به في القصيدة بكاملها، بمعنى أنّ استعانتها به إلى هذا الحدّ، لا تخلو من دلالات ومن مقصدية، في ارتباط بالتجربة الشعرية التي تعبّر عنها الشاعرة، لكن عوض القيام بذلك اعتبراه عيباً وكفى الله المؤمنين القتال. علاوة على ذلك، نجد لديهما فهماً ناقصاً لمفهوم التضمين، إذ يقصرانه على جانب الدلالة دون العروض، ويقولان في الآن ذاته إنه مفهوم عروضي، وهذا لا يستقيم. قالا: «التضمين بالمعنى العروضي أن يتعلق معنى البيت بالبيت الذي يليه، بحيث لا يمكن أن يستقل عنه، وبالتالي فهو وسيلة لتخفيف الإيقاع الذي كان حاداً في الشعر العمودي»[29] .

2 - ضبط التضمين في الشعر المعاصر:

إنّ ضبط التضمين في القصيدة المعاصرة، يحتاج إلى استحضار ظاهرتين ووضعهما في الاعتبار، وهما القافية والتدوير، فالتضمين

قديماً مرتبط بالقافية، وقد تمت دراسته ضمن عيوبها، كما رأينا ذلك في ما تقدم، لكن في الشعر المعاصر، اختفى نظام البيت، وحلّ محله السطر الشعري، وهنا تغيّر حضور القافية عن حضورها القديم، كما تغيّر حضور التدوير أيضاً، بل إنّ الأخير بمفهومه المعاصر وهو انقسام التفعيلة، أصبح يؤثر في حضور القافية، بحيث لا يمكن أن يجتمع معها في نهاية السطر الشعري، فوجود تدوير التفعيلة يعني غياب القافية، وهو ما أثّر في ظاهرة التضمين المرتبطة بالقافية، إذ نجد أنّ المعنى لم يكتمل مع نهاية السطر الشعري فعلاً، لكن ذلك وقع في غياب القافية، وهنا يقع إشكال كبير، إذ ينصرف أغلب الدارسين المعاصرين إلى اعتبار الأمر تضميناً، اعتماداً على المعنى فقط، دون استحضار الجانب العروضي في التضمين وهو ارتباط عدم اكتمال المعنى بالقافية. وهذا الإشكال قلّما ينتبه إليه، لذلك سنطرح هنا التضمين في القصيدة المعاصرة بشكله الدقيق، لكن قبل أن نأتي عليه، وجب أن نفهم الحضور المعاصر للقافية في الشعر المعاصر لارتباط التضمين بها، وأن نفهم الصلة الثلاثية بين التضمين والقافية والتدوير، وكيف يؤثر بعضها في بعض، بل كيف تضبط القافية التضمين، وكيف تميّز بينه وبين تدوير التفعيلة، إذ من الإشكالات المرتبطة بالتضمين في القصيدة المعاصرة، الخلط بينه وبين التدوير كما سيتضح، لذلك وحتى يكون تناول التضمين في الشعر المعاصر دقيقاً بشكل يتجاوز القصور البارز في الدراسات التي تناولته، فإننا سنحرص على ضبط القافية في الشعر المعاصر، لأنها السبيل إلى ضبط حضور التضمين وتمييزه عن التدوير.

2 – 1 – ضبط القافية في الشعر المعاصر:

2 – 1 – 1 – علامات القافية الدالة على وجودها:

إن تحديد القافية في قصيدة الشعر المعاصر، يختلف عما كان معهوداً في قصيدة الشطرين، فإذا كانت الأخيرة، تُحَدَّد فيها القافية في نهاية البيت بسهولة، فإنّ القافية في الشعر الحرّ، تتطلّب لتحديدها معرفة جيّدة بعلم القافية، وتمثُّلاً للتغييرات الدالة على الضرب في علم العروض. فما يغيب عن وعي السواد الأعظم من الدارسين، هو أنّ تحديد القافية في الشعر المعاصر، لم تعد تكفي فيه مواضعات علم القافية، وإنّما يجب استدعاء علم العروض أيضاً إذا أردنا تحديدها بدقة متناهية، أما التعويل على علم القافية منفرداً في تحديدها – كما كان العرف جارياً في قصيدة الشطرين – فيؤدّي إلى إغفال كثير من القوافي التي يدّل عليها علم العروض، من خلال صور خاصة بالضرب في البحور تدلّ عليها تغييراته. وقد نبّه القدماء على ضرورة ضبط ما ينصل بصور العروض والضرب، وما يحكمهما من تغييرات (الزحافات والعلل)، لمن أراد أن يشتغل على القافية، قال التنوخي: «للقافية موضعان، أحدهما تستعمل فيه على سبيل الاستحباب، وآخر تستعمل فيه على سبيل اللزوم. فالذي تستعمل فيه عروض البيت، والذي تلزم فيه ضربه. ومن ألزم نفسه النظر في هذا العلم [علم القافية]، فلا بد له من المعرفة بأحكام هذين الموضعين»⁽³⁰⁾ [30].

في الشعر القديم، كان واضحاً ارتباط القافية بمكان الضرب، فموضع الضرب والقافية، محدّدان سمعياً وبصرياً بنهاية البيت، مما

لا يطرح إشكالاً في تحديد القافية، لكن في الشعر المعاصر، تكسّر نظام الشطرين، ولم تعد تفعيلة الضرب متصلة بصرياً بمكان محدّد، وسمعياً بمسافة زمنية ثابتة، تساعد على تحديد موضع الضرب وقافيته، فكان أن اعتمد معظم دارسي الشعر المعاصر على الروي المتكرر، في تحديد القافية بصرياً في نهاية الأسطر المتجانسة حروفها، أي معتمدين على معطيات علم القافية حول الروي، الذي يوجه لتفعيلة الضرب الخاصة بالقافية، قال ابن القطاع: «والضرب آخر جزء من آخر البيت، وهو الذي فيه حرف الروي»[31]. غير أنها معطيات كانت تقف بتحليلاتهم الراصدة لقافية الشعر الحر، عند حدود ما تكرّر رويه، غافلين عن معطيات علم العروض المتصلة بالقافية، التي بيدها التحديد الدقيق لقافية الشعر المعاصر، إذ العروض يرصد القافية حتى في ما لم يتكرر رويه، وبيده كلمة الفصل في الحكم بخلو أسطر القصيدة من القافية أو وجودها فيها.

إنّ كتب علم القافية، وتحديداً المراجع، وهي التي يرجع إليها كثيراً في تلقي العلم، وبعض المصادر التي توخت الاختزال، أسهمت بشكل كبير في عدم فهم الصلة بين علم العروض والقافية، حيث اختزلت مباحث علم القافية، في ما يتصل بتعريفها وأنواعها وحروفها وحركاتها وعيوبها، وهي نفس المباحث التي نجدها في أمهات المصادر، لكنها في المبحث الخاص بالحديث عن أنواع القافية، وهو المبحث المفصلي في فهم صلة علم العروض بالقافية، بلغتْ درجة الاختزال المخل، إذ كانت تكتفي بذكر اسم كل نوع للقافية (سبكرف) وعدد المتحركات بين الساكنين فيه، دون أن تبيّن كيف يُتحصل عليه في كل بحر، وكم

عدده فيه، وكيف تتدخل زحافات العروض وعلله في ضبط نسبة كل نوع في البحر، وهذا كله، هو ما درسته أمهات المصادر وركّزت عليه بتفصيل، في ما اصطلحتْ عليه بـ(عدة القوافي). وعلى العموم، فالقافية في الشعر المعاصر لها علامتان، الأولى عروضية، وهي التغييرات الدالة على الضرب، والثانية قافوية، هي تكرير الروي، وقد تظهر كل علامة على حدة، أو تجتمعان معاً.

أ ـ العلامة الأولى: تغييرات الضرب:

إنّ علم العروض يدلنا في الشعر المعاصر، على تفعيلة الضرب المشتملة على القافية، من خلال مجموعة من التغييرات التي جعلها دالة على الضرب، فعلم العروض، قنّن تفعيلة الضرب ـ التي ترتبط بالقافية ـ بواسطة مجموعة من التغييرات الخاصة، التي لا ترد إلا في تفعيلة الضرب (علل ـ زحافات تجري مجرى العلل ـ صور أصلية)، علاوة على تغييرات أخرى، مشتركة بينها وبين تفعيلة العروض (الصور المعتلة تحديداً). فبهذه التغييرات، حدّد علم العروض ما يدلّنا على تفاعيل الضرب في القصيدة، إذ بمجرّد أن نجري التقطيع العروضي لقصيدة الشعر الحر، وما يتصل به من رموز وتفاعيل، ونجد أنّ التفعيلة في نهاية السطر، تشتمل على تغيير من التغييرات الخاصة بالضرب، أو المشتركة مع العروض (الصور المعتلة تحديداً)، أو إحدى العلل المجهولة التي ظهرت مع الشعر الحر، مما لا تشير له كتب العروض، ندرك أننا أمام تفعيلة الضرب، ووجودها يعني وجود القافية.

بهذا المعنى، فإنّ التغييرات الدالة على الضرب، هي العلامة الأولى لتحديد القافية، فإذا ظهرت في نهاية السطر الشعري، تفعيلة مصابة بتغيير من التغييرات الدالة على الضرب، فإنّ الكلمة المتصلة بها تشتمل على حروف القافية وحركاتها، لأنّ الضرب دائم الارتباط بالقافية، يدلّنا على وجودها، إذ هو تفعيلة القافية، ومكان ظهورها، وعلى ارتباط دائم بها. فظهور التغييرات الدالة على الضرب في نهاية السطر الشعري، تؤكد أنّ التفعيلة ضرب، وموضع الضرب هو موضع القافية لأنه تفعيلتها، وهذا هو معنى أنّ الضرب دائم الارتباط بالقافية. فخلاصة هذه العلامة، أنه متى قطّعنا عروضياً قصيدة معاصرة، نتجه إلى نهايات سطورها، فننظر هل آخر تفعيلة في السطر، وردت مشتملة على تغيير من التغييرات الدالة على الضرب، فإذا اشتملت على أحد هذه التغييرات، فهذا يعني أنّها تفعيلة الضرب، وما دامت تفعيلة الضرب فهي تشتمل وجوباً على القافية، لأن الضرب هو تفعيلتها، ولأنّها داخلة في (عدّة القوافي)، فالتغييرات تدلنا على الضرب، والضرب يدلنا على القافية، وفي الجدول الآتي، نرصد صور تفعيلة الضرب في البحور الشعرية، بتغييراتها الخاصة والمشتركة، حتى يكتمل لدينا التصور النظري للقافية في الشعر الحر.

البحر الشعري	تفعيلة الضرب في استعمالات البحر		صورها	التغيير اللاحق	مفهوم التغيير	حالة الصور في البحر
الطويل	تام	مفاعيلن	مفاعلن	القبض	حذف الخامس الساكن في التفعيلة	مشتركة مع العروض
			مفاعيلن	صحيح	لا تغيير يذكر	خاصة بالضرب
			مفاعي	الحذف	إسقاط السبب الخفيف من نهاية التفعيلة	خاصة بالضرب
	مجزوء	Ø				
	مشطور	Ø				
	منهوك	Ø				
المديد	تام	Ø				
	مجزوء	فاعلاتن	فاعلاتن	صحيح	لا تغيير يذكر	مشتركة مع العروض
			فاعلاتْ	القصر	حذف ساكن السبب الخفيف وتسكين ما قبله	خاصة بالضرب
			فاعلا	الحذف	إسقاط السبب الخفيف من نهاية التفعيلة	مشتركة مع العروض
			فاعلْ	البتر	علة مزدوجة = الحذف + القطع	خاصة بالضرب
			فعلا	مزدوج	علة الحذف + زحاف الخبن	مشتركة مع العروض
	مشطور	Ø				
	منهوك	Ø				
البسيط	تام	فاعلن	فعلن	الخبن	حذف الثاني الساكن في التفعيلة	مشتركة مع العروض
			فاعلْ	القطع	حذف ساكن الوتد المجموع وتسكين ما قبله	خاصة بالضرب
	مجزوء	مستفعلن	مستفعلاتْن	التذييل	زيادة ساكن على ما آخره وتد مجموع	خاصة بالضرب
			مستفعلن	صحيح	لا تغيير يذكر	مشتركة مع العروض
			مستفعلْ	القطع	حذف ساكن الوتد المجموع وتسكين ما قبله	خاصة بالضرب
	مشطور	Ø				
	منهوك	Ø				

البحر	النوع	العروض	الضرب	اسم التغيير	وصف التغيير	ملاحظة
الوافر	تام	مفاعلَتن	فعولن	مزدوج	القطف (زحاف العصب + علة الحذف)	مشتركة مع العروض
	مجزوء	مفاعلَتن	مفاعلَتن	صحيح	لا تغيير يذكر	مشتركة مع العروض
			مفاعلَتن	العصب	تسكين الخامس المتحرّك في التفعيلة	خاصة بالضرب
	مشطور	Ø				
	منهوك	Ø				
الكامل	تام	متَفاعلن	متَفاعلن	صحيح	لا تغيير يذكر	مشتركة مع العروض
			متفاعل	القطع	حذف ساكن الوتد المجموع وتسكين ما قبله	خاصة بالضرب
			متْفا	مزدوج	زحاف الإضمار + علة الحذذ	خاصة بالضرب
			متْفا	الحذذ	إسقاط الوتد المجموع من آخر التفعيلة	مشتركة مع العروض
	مجزوء	متَفاعلن	متَفاعلاتن	الترفيل	زيادة سبب خفيف على ما آخره وتد مجموع	خاصة بالضرب
			متَفاعلان	التذييل	زيادة ساكن على ما آخره وتد مجموع	خاصة بالضرب
			متَفاعلن	صحيح	لا تغيير يذكر	مشتركة مع العروض
			متَفاعل	القطع	حذف ساكن الوتد المجموع وتسكين ما قبله	خاصة بالضرب
	مشطور	Ø				
	منهوك	Ø				
الهزج	تام	Ø				
	مجزوء	مفاعيلن	مفاعيلن	صحيح	لا تغيير يذكر	مشتركة مع العروض
			مفاعي	الحذف	إسقاط السبب الخفيف من آخر التفعيلة	خاصة بالضرب
	مشطور	Ø				
	منهوك	Ø				
الرجز	تام	مستفعلن	مستفعلن	صحيح	لا تغيير يذكر	مشتركة مع العروض
			مستفعل	القطع	حذف ساكن الوتد المجموع وتسكين ما قبله	خاصة بالضرب
	مجزوء	مستفعلن	مستفعلن	صحيح	لا تغيير يذكر	مشتركة مع العروض
	مشطور		مستفعلن	صحيح	لا تغيير يذكر	مشتركة مع العروض
	منهوك		مستفعلن	صحيح	لا تغيير يذكر	مشتركة مع العروض

البحر						
الرمل	تام	فاعلاتن	فاعلاتن	صحيح	لا تغيير يذكر	مشتركة مع العروض
			فاعلاث	القصر	حذف ساكن السبب الخفيف وتسكين ما قبله	خاصة بالضرب
			فاعلا	الحذف	إسقاط السبب الخفيف من آخر التفعيلة	مشتركة مع العروض
	مجزوء	فاعلاتن	فاعلان	التسبيغ	زيادة ساكن على ما آخره سبب خفيف	خاصة بالضرب
			فاعلاتن	صحيح	لا تغيير يذكر	مشتركة مع العروض
			فاعلا	الحذف	إسقاط السبب الخفيف من آخر التفعيلة	مشتركة مع العروض
	مشطور	∅				
	منهوك	∅				
السريع	تام	مفعولاتُ	مفعلاث	مزدوج	زحاف الطي + علة الوقف	خاصة بالضرب
			مفعلا	مزدوج	زحاف الطي + علة الكسف	مشتركة مع العروض
			مفعو	الصلم	إسقاط الوتد المفروق من آخر التفعيلة	خاصة بالضرب
			مَعلا	ثلاثي	زحاف مزدوج (الخبل) + علة الكسف	مشتركة مع العروض
	مجزوء	∅				
	مشطور	مفعولاتُ	مفعُولاث	الوقف	تسكين السابع المتحرك	مشتركة مع العروض
			مفعُولا	الكسف	حذف السابع المتحرك	مشتركة مع العروض
	منهوك	∅				
المنسرح	تام	مستفعلن	مستعلن	الطي	حذف الرابع الساكن	مشتركة مع العروض
			مستفعل	القطع	حذف ساكن الوتد المجموع وتسكين ما قبله	خاصة بالضرب
	مجزوء	∅				
	مشطور	∅				
	منهوك	مفعولاتُ	مفعُولاث	الوقف	تسكين السابع المتحرك	مشتركة مع العروض
			مفعُلا	الكسف	حذف السابع المتحرك	مشتركة مع العروض
الخفيف	تام	فاعلاتن	فاعلاتن	صحيح	لا تغيير يذكر	مشتركة مع العروض
			فاعلا	الحذف	إسقاط السبب الخفيف من آخر التفعيلة	مشتركة مع العروض
	مجزوء	مستفع لن	مستفع لن	صحيح	لا تغيير يذكر	مشتركة مع العروض
			متفع لْ	مزدوج	زحاف الخبن + علة القصر	خاصة بالضرب
			متفع لن	الخبن	تسكين الثاني المتحرك	مشتركة مع العروض
	مشطور	∅				
	منهوك	∅				

مشتركة مع العروض / خاصة بالضرب	وصف التغيير	اسم التغيير	التفعيلة المتغيرة	التفعيلة الأصلية	النوع	البحر
				Ø	تام	المضارع
مشتركة مع العروض	لا تغيير يذكر	صحيح	فاع لاتن	فاع لاتن	مجزوء	
				Ø	مشطور	
				Ø	منهوك	
				Ø	تام	المقتضب
مشتركة مع العروض	حذف الرابع الساكن	الطي	مستعلن	مستفعلن	مجزوء	
				Ø	مشطور	
				Ø	منهوك	
				Ø	تام	المجتث
مشتركة مع العروض	لا تغيير يذكر	صحيح	فاعلاتن	فاعلاتن	مجزوء	
				Ø	مشطور	
				Ø	منهوك	
مشتركة مع العروض	لا تغيير يذكر	صحيح	فعولن	فعولن	تام	المتقارب
خاصة بالضرب	حذف ساكن السبب الخفيف وتسكين ما قبله	القصر	فعولْ			
مشتركة مع العروض	إسقاط السبب الخفيف من آخر التفعيلة	الحذف	فعو			
خاصة بالضرب	علة مزدوجة = الحذف + القطع	البتر	فع			
مشتركة مع العروض	إسقاط السبب الخفيف من آخر التفعيلة	الحذف	فعو	فعولن	مجزوء	
خاصة بالضرب	علة مزدوجة = الحذف + القطع	البتر	فغ			
				Ø	مشطور	
				Ø	منهوك	
مشتركة مع العروض	حذف الثاني الساكن	الخبن	فِعلن	فاعلن	تام	المتدارك
مشتركة مع العروض	لا تغيير يذكر	صحيح	فاعلن			
مشتركة مع العروض	حذف الثاني الساكن	الخبن	فِعلن			
خاصة بالضرب	حذف ساكن الوتد المجموع وتسكين ما قبله	القطع	فاعلْ	فاعلن	مجزوء	
خاصة بالضرب	زيادة ساكن على ما آخره وتد مجموع	تذييل	فاعلانْ			
خاصة بالضرب	زيادة سبب خفيف على ما آخره وتد مجموع	الترفيل	فاعلاتن			
				Ø	مشطور	
				Ø	منهوك	

إنّ اشتمال التفعيلة على أحد التغييرات الخاصة بالضرب، أو على أحد التغييرات المشتركة مع العروض، ذات الطبيعة المعتلة تحديداً، سواء المعتلة حقيقة، أو الآخذة لحكم العلة (الزحافات الجارية مجرى العلل)، مما هو مشار إليه في الجدول أعلاه، يؤكد أنّنا أمام تفعيلة ضرب ترتبط بها القافية، فالتغييرات تدلنا على الضرب، والضرب يدلنا على القافية؛ لأنه تفعيلتها.

لقد كان القدماء واعين بالحقيقة العروضية في تعريف الخليل للقافية، ومنهم ابن رشيق حين قال بإجمال: «الوزن أعظم أركان حدّ الشعر، وهو مشتمل على القافية، وجالب لها بالضرورة» [32]. فكثيرون هم من يستحضرون كلام ابن رشيق وجه شاهد، لكنهم لا يفهمون معناه. هذا الكلام نجده مفصلاً لدى ابن الفرخان في كتابه الخاص بالقوافي، إذ أدرك أنّ تعريف الخليل كان منطلقه علم العروض، حيث قال بعد عرضه للمتداول من الأقوال في تعريف القافية: «لنعوّل على الثالث من هذه الأقاويل، أعني أنّ القافية هي من آخر البيت معكوساً، إلى أوّل ساكن يليه، مع المتحرك قبله. فعلى هذا تكون القافية مركبة من متحرك بعده ساكن، بعده عدّةٌ من المتحركات، أدناها الواحد، وأعلاها الأربعة، على ما أراك عرفته في صناعة العروض، فعلى هذا تنقسم القافية أربعة أقسام باعتبار العدة من المتحركات المذكورة» [33].

هذا الكلام هنا واضح في أنّ تحديد أنواع القافية (سبكرف)، باعتماد تعريف الخليل، أساسه صناعة العروض، وابن الفرخان هنا يفترض في قارئ كتابه، أنه على وعي بذلك، لذلك نجده وجّه خطابه

له، على نحوٍ يوحي بأن الأمر من البدهيات، حين قال: «على ما أراك عرفته في صناعة العروض». وما لا يدركه الرجل هنا، أنّ هذا الذي يفترضه في دارسي القافية، من فهمٍ لصلة علم العروض بها، يغيب للأسف عن السواد الأعظم من دارسينا المعاصرين، إذ يغيب في تحليلاتهم الحديث عن (عدّة القوافي)، وهي مفصلية في فهم صلة العروض بالقافية، فالخليل بن أحمد حصر القوافي في خمسة أنواع هي: المتكاوس، والمتراكب، والمتداركِ، والمتواتر، والمترادف، بحسب عدد المتحركات بين ساكنيها. وهذه الأنواع محدّدة باعتماد علم العروض، أي بناء على صور تفعيلة الضرب في البحور الشعرية، حيث يبلغ مجموع القوافي في البحور الشعرية الخمس عشرة حسب نظام الخليل، ثلاثين قافية لا تخرج عن هذه الأنواع الخمسة، ولكل بحر عدد منها، تحققه صور الضرب فيه، إما صحيحاً أو باعتراء التغييرات له. فالخليل رصد وضعية التفاعيل العشْر – الخاصة بعلم العروض – عندما تقع ضرباً، دارساً وضعية ما بين ساكني هذه التفاعيل، في صورتها الصحيحة، وصورتها المتغيرة عندما تعتريها الزحافات والعلل، فتؤثر في نوع القافية. وانتهى من ذلك إلى حصر عدّة للقوافي، مجموعها ثلاثون قافية في جميع البحور، تجمعها خمسة أنواع هي المشار إليها سابقاً، اختصرت في كلمة (سبكرف)، باعتماد الحرف الأخير لكل نوع.

ب – العلامة الثانية: تكرار الروي:

نعيّن القافية في الشعر المعاصر بالاعتماد على العلامة الثانية

لها، وهي حرف الروي، وبتعبير أدق، تكرير حرف الروي، فإذا ظهر حرف ما في نهاية سطر شعري، ثمّ تكرّر بعد ذلك في نهاية سطر شعري آخر، ولو بعد مجموعة كثيرة من الأسطر الشعرية، فإنّنا نعدّه روياً، شريطة أن تكون الكلمة التي اشتملت عليه متصلة عروضياً بتفعيلة مكتملة، أي غير مصابة بتدوير التفعيلة، لأنّ غياب هذا الشرط، يعني غياب القافية وإن تكرر الحرف.

سمة التكرار هذه، أشارت إليها نازك الملائكة بقولها: «فما القافية لو دقّقنا النظر، إلا تكرار صوت معيّن في نهايات الأشطر، وهذا الصوت المتكرّر، يوحي بأشياء»[34] . وهي سمة أكّدها القدماء قبلها، قال ابن السرّاج الشنتريني: «القافية كلّ ما يلزم الشاعر إعادته في سائر الأبيات من حرف وحركة»[35] . وقال المازني: «القافية هي حرف الروي الّذي تبنى عليه القصيدة، لا بدّ من تكريره»[36] . وأكّد ذلك أيضاً ابن عبد ربّه، فقال: «القافية حرف الروي الذي يبنى عليه الشعر، ولا بد سن تكريره فيكون في كل بيت»[37] . والتأكيد نفسه صدر عن أبي موسى الحامض قائلاً: «القافية ما لزم الشاعر تكراره في آخر كلّ بيت من الحروف والحركات»[38] . وأشار إليها أيضاً التميمي في قوله: «الروي حرف القافية الذي تبنى عليه القصيدة، يلزم كل بيت فيها في موضع واحد منها، ولا بد من إعادته»[39] . وهو ما أكده أيضاً نشوان الحِمْيَرِي في قوله: «الروي الحرف الذي تبنى عليه القصيدة من ابتدائها إلى انتهائها، وتجب إعادته وتكريره في كل بيت منها»[40] .

إنّ الروي علامة على القافية لأنه لايرتبط إلا بتفعيلتها (الضرب)، قال ابن القطاع: «والضرب آخر جزء من آخر البيت، وهو الذي

فيه حرف الروي»⁽⁴¹⁾. فإذا كنا قلنا إن وجود الضرب، يعني وجود
القافية؛ لأنه تفعيلتها، وتضبطها فيه التغييرات الدالة عليه، فكذلك
وجود الروي يعني وجود الضرب؛ لأنه تفعيلته، وتضبطه فيه سمة
التكرار. بتعبير آخر، فإنه في العلامة الأولى (التغييرات الدالة على
الضرب) تقودنا التغييرات إلى الضرب؛ لأنها خاصة به، ثم يقودنا
الضرب إلى القافية؛ لأنه تفعيلتها. أما في العلامة الثانية (تكرار
الروي)، فالتكرار يدلّنا على الروي؛ لأنه سمته، ثم وجود الروي يعني
وجود الضرب؛ لأنه لا يرتبط إلا به، ووجود الضرب يعني وجود
القافية؛ لأنه تفعيلتها، ومن ثمة كان تكرار الروي، موجهاً إلى أنّ نهاية
السطر الشعري، تشتمل على تفعيلة ضرب، ومن ثم على القافية.

يعتبر الروي مكرّراً إذا ورد للمرة الثانية، وتعليل ذلك نجده عند
ابن سنان الخفاجي، الذي قال: «أقلّ ما يقع عليه اسم الشعر بيتان،
لأنّ التقفية لا تـمْكِن في أقلّ منهما، ولا تصح في البيت الواحد، لأنها
مأخوذة من قفوت الشيء، إذا تلوته»⁽⁴²⁾، مع استثناء يخص طبيعة
الشعر المعاصر. ولكي نحكم بأنّ الحرف تكرّر أو لم يتكرّر، يجب
استحضار القصيدة بأكملها، لا الاقتصار على مقطع منها، أو على
الأقل أن يكون الأخير مشتملاً على سمة التكرار، مع ضرورة التنبيه
على وجود أرواء أخرى في القصيدة، إذا استحضرنا مقطعاً منها فقط.

إنّ ما ينبغي الوعي به هنا، من قبل الدارسين المعاصرين لقافية
الشعر الحر، أنّه جرت العادة، واستقرّ العرف، في تحديد قافية شعر
الشطرين، على الانطلاق من علم القافية، باعتماد معطياته حول لوازم
القافية وخاصة الروي. أما في الشعر المعاصر، فأصبح الانطلاق في

تحديد القافية، من العلمين معاً، علم القافية وعلم العروض، بل إنّ علم العروض، هو الحاسم في ضبطها في الشعر المعاصر، لأنّ علم القافية، الذي يوجّهنا من خلال علامته (تكرار الروي) إلى الضرب، ومن ثمة إلى تحديد القافية، لم يعد بمقدوره رصد جميع القوافي في القصيدة، فالحرية التي منحِت للشاعر المعاصر بسبب كسر نظام الشطرين، جعلته في بعض الأحيان يتخلى عن القافية مطلقاً في نهاية السطر، وهنا لا مشكلة إطلاقاً، لكن في كثير من الأحيان – وهنا بيت القصيد – لا يتخلى عن القافية، وإنما يتخلى عن الروي المتكرر، أي إنّه يتخلى عن العلامة الثانية (تكرار الروي)، التي يهتدي بها علم القافية في تحديد قوافي النص، لكنه يحتفظ بالعلامة الأولى (التغييرات الدالة على الضرب)، وهنا لا يمكن الانطلاق في تحديد القافية إلا من علم العروض – وهذا ما لا يدركه الدارسون – وليس علم القافية، لأن الانطلاق من الأخير، باعتماد علامته (تكرار الروي)، سيجعلنا نحكم بخلو مجموعة من الأسطر المقفاة من القافية، بدعوى أنّ الروي المتكرّر الدالّ على وجود الضرب منتَفٍ، وفي هذه النقطة تحديداً، لا يدرك الدارسون أنّ الضرب، لا تدل عليه العلامة الثانية فقط (تكرار الروي)، وهي علامة علم القافية، وإنما تدل عليه أيضاً وبشكل حاسم العلامة الأولى (تغييرات الضرب)، التي منطلقها علم العروض.

الدارسون للقافية في الشعر المعاصر، لم يستوعبوا هذا التحول الجوهري الذي عرفته القافية، بسبب كسر نظام الشطرين، لأنهم يؤمنون بوجود تفريق بين علم العروض والقوافي، وأنّ علم العروض خاص بدراسة البحور الشعرية فقط، ومن ثم لا يعتبرونه في دراستهم

للقافية، والحق أنّ علم القافية أساسه علم العروض، وتحديد القافية وأنواعها كان بالاعتماد عليه من خلال ما اصطلح عليه القدماء بـ(عدة القوافي)، لكن الدارسين المعاصرين ظلوا راكنين في دراسة قافية الشعر المعاصر إلى علم القافية، الذي لم يعد باستطاعته ضبط جميع القوافي في النص، على نحو ما كان له ذلك في نظام الشطرين، لأنّ الشاعر المعاصر في نظام السطر الشعري، صعّب على هذا العلم المهمة، بتحرره من الروي المتكرر (العلامة الثانية)، الذي يهتدي به علم القافية لقوافي النص، غير أنّ علم العروض، ظلّ بالمرصاد للشاعر المعاصر، يضبط حضور القوافي في نصه شاء أم أبى، كرّر الروي أم لم يكرره، لأن الواضع عندما حدّد القافية أول مرة، حدّدها بالاعتماد على ما يقبل العد والقياس (عدّة القوافي)، أي علم العروض، فأيّة عقلية كانت لدى الخليل، حتى يضبط قافية الشعر في زمانه وزمان من سيأتي بعده.

تجدر الإشارة هنا، إلى أنّه في قصيدة الشعر الحر، هناك حروف لا تتكرر، ومع ذلك فهي روي، والسبب ارتباط الكلمة التي وقع فيها الحرف غير المكرر، بالعلامة الأولى للقافية، أي ارتباطها بتفعيلة بها تغيير من التغييرات الدالة على الضرب، بمعنى أنّ القافية في الشعر الحرّ، نقول عنها إنّها قافية لتكرار الرويّ، كما نقول عنها إنّها قافية، عندما يرتبط حرف رويّها وإن لم يتكرّر، بتفعيلة بها تغيير من التغييرات الدالة على الضرب، لأنّ وجود هذه التغييرات، يدل على وجود الضرب، ووجود الضرب، يعني وجود القافية والروي، لأنّ الضرب هو تفعيلتهما.

2 – 1 – 2 – أقسام القافية في الشعر المعاصر:

بفعل تكسير نظام الشطرين واعتماد السطر الشعري، أصبحنا أمام إشكال يتصل بوجود القافية من عدمه في نهاية السطر، وهو إشكال قلّما ينتبه إليه. فمعلوم أنّ القافية تأتي في نهاية البيت الشعري، وتأتي كذلك في نهاية السطر الشعري، غير أنّ نهاية البيت الشعري تقفل وزنياً، في إطار الوقفة العروضية، التي تعني انتهاء الوزن مع انتهاء البيت، لكن في نظام السطر الشعري، مع قصيدة الشعر الحر، أصبح الشاعر مخيراً بين إقفال الوزن مع نهاية السطر الشعري، وهنا لا يطرح الأمر إشكالاً في تحديد القافية، أو ترك الوزن جارياً بين الأسطر باعتماد تدوير التفعيلة، وهنا الإشكال، لأنّ القافية تلزمها تفعيلة مكتملة غير منقسمة لتحديدها (سبكرف)، وهو ما لا يتحقق عندما لا يقفل الشاعر الوزن، تاركاً تدوير التفعيلة يقسم التفاعيل، غير فاسح بذلك المجال للقافية لتظهر، وبذلك تغيب القافية، رغم ما يظهر من وجود لحروف تتكرر توهم بأننا أمام روي.

هذا الوضع، لا تضعه التحليلات المعاصرة للقافية في اعتبارها، فتتحدث عن وجود القافية في نهاية أسطر فيها تدوير التفعيلة، وهو أمر غير ممكن عروضياً، لأنه لا تحديد للقافية في غياب تفعيلة مكتملة تسمح بالتحديد. فلكي نعرف هل التفعيلة منقسمة في نهاية السطر أم لا، نحتاج إلى الكتابة العروضية وما يتصل بها من رموز وتفاعيل، وهو ما تغفله تحليلات القافية، التي تعتمد الكتابة الإملائية، وهي كتابة مضللة، تسعف في تتبع تكرار الحروف في نهاية السطر بصرياً، فتوهم بكونها روياً، ولا تسعف في إبراز هل ارتبط هذا

التكرار بتفعيلة مكتملة أم لا، فتلك مهمة الكتابة العروضية وما يتصل بها. ومن هنا نميّز في قصيدة الشعر المعاصر، بين وجود القافية في نهاية السطر بشكل فعلي، وهو ما نتبنى الاصطلاح عليه بالقافية الحقيقية، وبين غيابها في نهايته بسبب تدوير التفعيلة، مع اقتران هذا التدوير بما يوهم بوجود علامتها الثانية (تكرار الروي)، وهو ما نصطلح عليه بالقافية المدورة.

أ – **القافية الحقيقية**: هي التي نجدها في قصيدة الشطرين، واستمرت حاضرة في الشعر المعاصر أيضاً، حيث ترتبط القافية فيها بتفعيلة تامّة. فالقافية الحقيقية «يقابل حرفها الأخير (الروي أو الوصل أو الخروج)، الحرف الأخير في تفعيلة الضرب، ويقابل كذلك الحرف الأخير في تفعيلة العروض، إذا كان البيت مصرعا»[43]. ومثالها ما نجده لدى محمود درويش في قصيدة (الأوراس)، قوله (بحر الكامل التام):

1 – بَيْتِـي عَلَـى الأوْرَاسِ كَانَ مُبَاحَا

يَسْـتَصْرخُ الدُّنْيَـا مَسَـاءَ صَبَاحَا

2 – وَثُرَابُ أرْضِي مِنْ دَمِي مُعْشَوْشِبٌ

كَـيْ يَشْـرَبَ الغُرَباءُ مِنْـهُ الرَّاحَا

3 – أقْدَاحُهُـمْ عَظمَـاتُ جَـدٍّ ثَائِـر

قَتَـلُوهُ وَالتَّقْتِيلُ كَـانَ مُبَاحَا

4 – وَتَقَيَّـأَتْ بَارِيـسُ كُلَّ ذِئَابِهَا

لِتُمَـدِّنَ المُتَوَحِّـشَ الفَلَّاحَا[44]

بَيْتِــي عَلَــلأوْرَاسِ كَانَ مُبَاحَــا

يَسْــتَصْرِخُدْنُيَا مَسَـاءَ صَبَاحَــا

0/0//   /0/   /0/0/0//   0/0/

0/0//   /0//   0/0/0//0/0/

مُتْفَاعِلـن مُتْفَاعِلـن مُتَفَاعِلْ

مُتْفَاعِلـن مُتْفَاعِلـن مُتَفَاعِلْ

إنّ كتابة البيت الأول هنا كتابة عروضية، مع ما يتصل بها من رموز وتفاعيل، يُظهر أنّ القافية فيه من نوع المتواتر، وقد ارتبطت بتفعيلة الضرب في نهاية العجز، كما ارتبطت أيضاً بتفعيلة العروض في نهاية الصدر، لأنّ البيت مصرع عروضياً، حيث تخلت العروض عن صورتها (متفاعلن)، وأخـذت الصورة الخاصة بالضرب (متفاعلْ). والقافية في هذاالمطلع، هي (باحا) من كلمة (صباحا)، و(باحا) من كلمة (مباحا)، أي الحاء حرف روي، والألف قبله ردف، والألف بعده وصل تنتهي عنده القافية. ويلاحظ أنّ آخر حرف في القافية (ألف الوصل)، يقابل الحرف الأخير في تفعيلة الضرب (اللام الساكنة في متفاعلْ)، وهذا هو معنى أنّ القافية حقيقية، لأن آخر حرف من حروفها، انتهى مع آخر حرف من تفعيلة ضربها.

القافية الحقيقية، هي ما تصطلح عليه نازك بالقافية الفعلية[45]، أو القافية الاعتيادية، ونجد إشارات لذلك في كتابها (سايكولوجية الشعر)، حيث قَالَت وهي بصدد الحديث عن علامات انتهاء الشطر في القصيدة الحرّة: «أبرز علامة تُثْبِتُ انتهاء الشطر هي القافية،

فما تكاد تأتي، حتى تشعرنا أنّ شطراً قد انتهى، وسيبدأ شطر جديد، وهذا مشروط طبعاً، بأن تكون القافية محتوية على شروطها، مثل انتهاء التفعيلة»[46]. والأمر نفسه كررته نازك في مناسبة أخرى، في حديثها عمّا سمّته القافية الدّاخلية، قالت: «هذه هي القافية الداخلية، التي لا تتوافر لها، شروط القافية الاعتيادية، وأبرزها أنّ القافية تختتم التفعيلة وتنتهي معها»[47].

ب ـ **القافية المدوّرة**: تسميتها هنا قافية فيها نوع من التجاوز، فالإطلاق هنا ليس لأنها قافية، وإنما لأن هناك ما يوهم بأنها قافية، وما يكشف هذا الإيهام فيها هو الكتابة العروضية، وما يتصل بها من رموز وتفاعيل، حيث توضح أنّه لا تتحقق فيها شروط القافية الحقيقية، وأبرزها انتهاء آخر حرف من حروف القافية، مع آخر حرف من تفعيلة ضربها، فنحن لا نجد هنا القافية بمعناها العلمي الدقيق. وإذن، لماذا نذكرها هنا، ما دامت ليست قافية؟ نذكرها من أجل التنبيه عليها والانتباه لها، لأنّ كثيراً من الدارسين، وقعوا في وهم اعتبارها قافية، ولعل هذا سبب تسمية عالم جليل لها بالقافية الوهمية، هو أستاذي القدير محمد مرّاح، واخترنا لها هنا اصطلاحاً من قاموس العروض، هو القافية المدورة.

إنّ القافية المدورة، تقع «في التفعيلة المنقسمة، التي لم يعرفها الشعر العربي قبل القرن العشرين، يضاف إلى ذلك، أنّ هذه القافية، لا يقابل حرفها الأخير، الحرف الأخير في التفعيلة التي ارتبطت بها»[48]. والمسؤول المباشر، عن بروز هذه القافية في قصيدة الشعر الحرّ، هو ظاهرة التدوير التفعيلي، كما حدّدته نازك الملائكة، ومن

هنا اصطلاحنا لها بالمدوّرة، أي التي يُنهي وجودها الحقيقي تدوير التفعيلة.

القافية المدورة إذن، تعني عدم وجود القافية بسبب تدوير التفعيلة، لكن يوجد ما يوهم بوجودها، وهو تكرار حرف، يصرفنا إلى أنّنا أمام قافية علامتها تكرار الروي (العلامة الثانية)، وهذا هو جانب الخداع والإيهام فيها، لأننا ننتبه في العادة إلى علامة التكرار، ولا ننتبه إلى ما إذا تحقق شرط أن تكون هذه العلامة مرتبطة بتفعيلة مكتملة. وانتباه كهذا، يحتاج إلى الكتابة العروضية، وما يتصل بها من رموز وتفاعيل، وهو ما يغيب للأسف، في معظم تحليلات القافية في القصيدة المعاصرة، إذ تُستخدَم فيها الكتابة الإملائية للقصائد كما هي في الدواوين، ويُعتمَد على الرؤية البصرية المستحضِرة لضوابط حروف القافية، في تتبع النهايات المتشابهة، اعتماداً على العلامة الثانية للقافية (تكرار الروي) فقط، فيتم الوقوع في خطأين، خطأ اعتبار قواف ارتبط ما يعتقد أنه رويها ــ علامته التكرار ــ بتفاعيل منقسمة، لا تحقق شرط القافية الحقيقية بمعناها العلمي المتصل بتفعيلة مكتملة، وخطأ إغفال قواف حقيقية لم يتكرر رويها، لكن تؤكد وجودها التغييرات الدالة على الضرب.

إنّ السبب المباشر في هذه الأخطاء، هو غياب عملية التقطيع العروضي، وما يتصل بها من رموز وتفاعيل، فالسواد الأعظم من تحليلات القافية المعاصرة، تتعامل وكأنها في غنى عن هذه العملية، والحال أنّها أصبحت فرضاً لتحديد القافية في الشعر الحر، ولذلك نشدّد هنا على أنّ تحديد القافية في الشعر المعاصر، خارج عملية

التقطيع العروضي وما يتصل بها، مغامرة نقدية فاشلة، تكشف أنّ هذه التحليلات ذات فهم قاصر، لإشكالات العروض والقافية في الشعر المعاصر.

تدوير التفعيلة إذن، بمجرد اتصاله بالتفعيلة في نهاية السطر الشعري، يعني انتفاء القافية لوجود تفعيلة منقسمة، لأنّ تدوير التفعيلة هنا، يحضر على حساب القافية، أو لنقل بشكل أدق، إنّ وجود تدوير التفعيلة، يعني غياب القافية حين لا توجد أصلاً، أو الإيهام بوجودها، حين يتصل بما يوهم وجود روي علامته التكرار، فهو بهذا المعنى الأخير، يحوّل القافية الحقيقية التي علامتها تكرار الروي، إلى قافية مدورة، مفقداً إياها معناها العلمي الدقيق، لأنه يجعل التفعيلة المرتبطة بها منقسمة، ما يعني انتفاء شرط اكتمال التفعيلة وانتهائها بنهاية حرف الروي إذا كان الأخير ساكناً (مقيداً)، أو بنهاية حرف الوصل، إذا كان الروي موصولاً بحرف مدّ أو هاء ساكنة، أو بنهاية الخروج، إذا كان الوصل بهاء متحركة. وعلى هذا نفهم كلاماً لنازك الملائكة، قالت فيه إنّ تدوير التفعيلة يخرّب القوافي، وإنه عدوّ القافية المشاكس.

إنّ ما يجعل القافية المدورة ليست قافية بمعناها العلمي الدقيق، الذي يسمح بالاعتداد بها في التحليل، هو فقدانها لتفعيلة الضرب، التي تساعد بتغييراتها، أو بارتباطها برويّ متكرر خارج التغييرات، على ضبط القافية بتعريف الخليل، وعندما نفتقد تفعيلة الضرب، فهذا يعني غياب القافية وغياب الروي، لأنّ الضرب مرتبط بهما، ووجوده يعني وجودهما، ومن ثمة فغيابه يعني غيابهما، وغيابهما يعني عدم إمكانية رصد ما يتصل بهما من حروف وحركات وأنواع (سبكرف).

لقد انتبهت نازك الملائكة إلى ما اصطلحنا عليه هنا بالقافية المدورة، وإن كانت أطلقت عليه هي وغيرها، اصطلاحاً نرى أنه جَانَبَ الدّقة هو «القافية الداخلية». وانتباه نازك للقافية المدورة، كان في معالجتها لظاهرة التدوير في الشعر الحر، إذ نجد لها إشارة أولى لذلك في كتابها (قضايا الشعر المعاصر)، حين تحدثت عما اعتبرته أخطاء، يرتكبها الشاعر المعاصر في قصائده. قالت: «وأحياناً يضع [الشاعر] قافية في نهاية الشطر، ويظن أنها هي القافية، مع أنّ شطره مدور، بحيث يذهب نصف القافية إلى الشطر التالي فلا تعود قافية»[49].

دراسة نازك لتدوير التفعيلة في قصائد الشعر الحر، جعلتها تستخلص مجموعة من النتائج السلبية له، منها ظاهرة القافية المدورة، التي تعني غياب القافية في نهاية السطر الشعري، لأن حضور أحدهما يعني غياب الآخر، إذ لا يجتمعان. قالت: «من خصائص التدوير أنه يقضي على القافية، لأنه يتعارض معها تمام التعارض، وهذه حقيقة تفوت الشعراء الناشئين، وبسببها يضيعون قوافيهم التي يجهدون لها أحياناً»[50]. وقد كررت ذلك في مناسبة أخرى، حين قالت: «النتيجة النائية للتدوير، أنّه قد أجهز على القوافي، وطردها طرداً تاماً، وسحب جثّتها بعيداً عن أعين القرّاء (...) لأنّ التقفية والتدوير أمران متعارضان لا يمكن أن يجتمعا، فما يكاد الشاعر يدوّر الأشطر، حتّى تختنق القافية وتموت، ولا يبقى لها أثر في القصيدة»[51]. فتضييع تدوير التفعيلة للقوافي في الشعر الحر، تعارض مع دعوة نازك الملائكة إلى تقفية الشعر الحر، لأنها تعتبر تقفية هذا الشعر مطلباً

سيكولوجياً ملحّاً، ولهذا كان لها موقف رافض – في بداية الأمر – لتدوير التفعيلة في الشعر الحر، لأنّه «يخرّب تفعيلاته، ويمزّق قوافيه»[52]، لذلك اعتبرته «عدوّ القافية المشاكس، فهو ما يكاد يرد في آخر شطر مقفى، حتى يقضي على قافيته»[53].

من القصائد الدّالة في بابها بخصوص القافيتين الحقيقية والمدورة، قصيدة (أطوار أنات) للشاعر الفلسطيني محمود درويش قال فيها (بحر الكامل):

1 – الشِّعْرُ سُلِّمْنَا إِلَى قَمَرٍ تُعَلِّقُهُ أَنَاتُ

متْفاعلن متَفاعلن متَفاعلن مُـ*

2 – عَلَى حَدِيقَتِهَا كَمِرْآةٍ لِعُشَّاقٍ بِلاَ أَمَلٍ، وَتَمْضِي

تَفاعلن متَفاعلن متْفاعلن متَفاعلن مُتْ

3 – فِي بَرَارِي نَفْسِهَا امْرَأَتَيْنِ لاَ تَتَصَالَحَانِ:

فاعلن متْفاعلن متَفاعلن مُـ*

4 – هُنَالِكَ امْرَأَةٌ تُعِيدُ المَاءَ لِلْيَنْبُوعِ

تَفاعلن متَفاعلن متْفاعلن متْفاعِـ

5 – وَامْرَأَةٌ تَقُودُ النَّارَ فِي الغَابَاتِ،

لن متَفاعلن متْفاعِـ

6 – أَمَّا الخَيْلُ

لن متْفاعِـ

7 ــ فَلْتَرقُصْ طَويلاً فَوْقَ هَاوِيَتَيْنِ،

لـن متْفاعلن متْفاعلن متَفاعِـ*

8 ــ لاَ مَوْتٌ هُنَاك وَلاَ حَياةُ.

لـن متْفاعلن متَفاعلاتن**

9 ــ وَقَصِيدَتي زبَدُ اللّهَاثِ وَصَرْخَةُ الحيَوانِ

متَفاعلن متَفاعلن متَفاعلن متَفاعِـ*

10 ــ عِنْدَ صُعُودِهِ العَالِي

لـن متَفاعلن متْفا

11 ــ وَعِنْدَ هُبُوطِهِ العَاري: أَناتُ

علن متَفاعلن متْفاعلن مُـ*

12 ــ أَنَا أُرِيدُكُمَا مَعاً حُبّاً وَحَرْباً يَا أَناتُ

تَفاعلن متَفاعلن متْفاعلاتن**

13 ــ فَإِلَى جَهنّمَ بِي... أُحبّكِ يَا أَنَاتُ

متَفاعلن متَفاعلن متَفاعلاتن**

14 ــ وَأَناتُ تَقْتُلُ نَفْسَهَا

متَفاعلن متَفاعلن

15 –   فِي نَفْسِهَا

متْفاعلن

16 –   ولِنَفْسِهَا

متَفاعلن

17 – وتُعِيدُ تَكْوِينَ المَسَافَةِ كَيْ تَمُرّ الكَائِنَاتُ

متَفاعلن متْفاعلن متَفاعلن متْفاعلن مُـ* ↵

18 – أَمَامَ صُورَتِهَا البَعِيدَةِ فَوْقَ أَرْضِ الرّافِدَيْنِ

تَفاعلن متَفاعلن متَفاعلن متْفاعلن مُـ* ↵

19 – وفَوْقَ سُورِيّا. وتَأْتَمِرُ الجِهاتُ

تَفاعلن متْفاعلن متَفاعلن مُـ* ↵

20 – بصَوْلَجانِ اللّازَوَرْدِ وخَاتَمِ العَذْرَاءِ: لا

تَفاعلن متْفاعلن مَتفاعلن متْفاعلن

21 – تَتَأَخّرِي فِي العَالَمِ السّفْلِيِّ عُودِي مِنْ هُنَاكَ

متَفاعلن متْفاعلن متَفاعلن متْفاعلن مُـ ↵

22 – إِلَى الطّبِيعَةِ والطّبَائِعِ يَا أَنَاثُ[54]

تَفاعلن متَفاعلن متَفاعلاتن**

94

في هذا المقطع من القصيدة، يبدو واضحاً حضور كلّ من القافيتين، وقد اعتمدنا في الإشارة إلى القافية الحقيقية الرمز (**)، وفي الإشارة إلى المدورة الرمز (*). والاكتفاء بالرؤية البصرية فقط، وإهمال الكتابة العروضية وما يتصل بها من رموز وتفاعيل، سيوقعنا في اعتبار القوافي هنا حقيقية، لأن تكرار الروي يمكن رصده في نهاية الأسطر بصرياً، لكن ارتباط هذا التكرار بتفعيلة مكتملة أو منقسمة، لا تكشفه سوى الكتابة العروضية وما يتصل بها، خصوصاً وأنّ القافية الحقيقية والمدورة اشتركتا هنا في حرف التاء، الذي يعد روياً في الحقيقية، وهو غير ذلك في المدورة، فلولا الكتابة العروضية وما يتصل بها، لما أدركنا هذا الأمر، فهذه الأخيرة بيّنت أنّ المقطع فيه قافية واحدة حقيقية، هي قافية المتواتر (0/0)، بروي موحد هو التاء المردوفة بألف والموصولة بالواو الناشئة عن إشباع الضمة، نجدها في السطر الثامن، (يَأتُو) من كلمة (حَيَاةُ)، وفي السطر الثاني عشر، (نَأتُو) من كلمة (أَنَاتُ)، والسطر الثالث عشر، (نَأتُو) من كلمة (أَنَاتُ)، والسطر الثاني والعشرين، (نَأتُو) من كلمة (أَنَاتُ). وتدلّ على قافية المتواتر (0/0) في هذه الأسطر العلامتان معاً، العلامة الأولى وهي تغيير من التغييرات الدالة على الضرب، هو هنا علة الترفيل (متفاعلاتن)، والثانية تكرار الروي كما بيّنا.

أمّا القافية المدوّرة، التي تعني غياب القافية لارتباطها بتفعيلة منقسمة، فنجدها في السطور: 1، 11، 17، 19، وما يوهم أنّها قافية هنا هو تكرار حرف التاء المضمومة، لكن التقطيع العروضي، يكشف أنّ هذا التكرار وقع خارج تفعيلة مكتملة تسمح بتحديد القافية حسب

تعريف الخليل. كما نجدها في السطرين: 3 و9، ويوهم بوجودها فيهما تكرار النون المكسورة المسبوقة بألف، لكن التفعيلة منقسمة بتدوير التفعيلة. كذلك تحضر في السطرين: 7 و18، ويوهم بوجودها تكرار النون المكسورة المسبوقة بياء اللّين، لكن تفعيلتها منقسمة بتدوير التفعيلة، حيث إنّ الأخير عندما يظهر يغيّب القافية.

2 – 2 – ضبط التضمين بالقافية في الشعر المعاصر:

نجد في آراء نقدية حول التضمين، وتطبيقات مدروسة له، سوء فهم لحضوره في النص الشعري القديم أو المعاصر، بسبب إغفال محورية القافية في وجوده، فالحديث عن التضمين العروضي ومفهومه، كان دائماً في إطار علم القافية، وتحديداً ضمن باب العيوب فيه، ومفهومه مبني على جانبين اثنين: الجانب التركيبي والدلالي، الذي يعني عدم انتهاء الدلالة والتركيب مع نهاية البيت. والجانب العروضي، الذي يعني حصول الجانب الأول في وجود القافية. وبذلك فاختفاء الجانب الثاني وحضور الجانب الأول فقط، أي عدم انتهاء المعنى في غياب القافية، يعني غياب التضمين، وهو ما لا ينتبه إليه. ويمكن هنا أن نستحضر كلاماً للدمنهوري في حديثه عن التضمين، حين نقل آراء تلح على ارتباط التضمين بالقافية، ذاكراً علة ذلك، حيث قال في معنى التضمين: «تعليق البيت بما بعده، أي تعليق قافيته، لأنّ الكلام في عيوب القافية» [55]. وهو كلام يفهم منه أن تعليق المعنى في غياب القافية لا يعدّ تضميناً، فأنواع التضمين التي رأيناها حتى في أشدّها «قبحاً»، وهو التضمين المعجمي الذي تبتر فيه الوحدة المعجمية، ظلّ خاضعاً لجانبي التضمين. وقد انتبهت نازك

لارتباط التضمين بالقافية حين قالت: «هو ارتباط آخر البيت المقفى بأول البيت التالي إعراباً ومعنوياً»[56] .

إنّ كلامنا هذا قد يبدو لا قيمة له في قصيدة الشطرين، لأنّ نظام البيت فيها ينتهي دائماً بقافية، فيغني عن تأمل ارتباط التضمين بها لأنها موجودة حتمياً، وما ينصرف إليه الذهن هو البحث في الجانب التركيبي والدلالي لما تعلّق بها، لكنّ الإشكال الحقيقي في ضبط التضمين، برز مع قصيدة الشعر الحرّ، وهو إشكال متصل بحضور القافية فيه، ذلك أنّ الشاعر لم يعد مطالباً بالقافية في نهاية كل سطر شعري، ولم يعد مطالباً أيضاً بإنهاء المعنى في سطر واحد، فيحصل أن تغيب القافية في نهاية السطر، ولا ينتهي المعنى فيه، أي يتعلّق المعنى بين السطرين في غياب القافية، ما يعني غياب التضمين. وبذلك فإنّ ما تنبغي الإشارة إليه، والتنبيه عليه، والانتباه له، بخصوص التضمين في الشعر المعاصر، هو ضرورة أن يكون تعلّق معنى السطر بالسطر الّذي يليه مرتبطاً بالقافية، فإذا كان نظام قصيدة الشطرين، يُمكّننا من رصد التضمين بسهولة بين الأبيات، بحيث إنّ انتصاب القافية في نهايتها، كفيل بأن يُبرز أنّ معنى البيت لم يكتمل، وإنّما تدفّق في انسياب إلى الّذي يليه، فإنّ نظام الأسطر الشعرية في القصيدة الحرة، يتطلّب سُبلاً من اليقظة العروضية لرصد التضمين، ذلك أنّ تعلّق المعنى بين الأسطر، قد يقع في وجود القافية وقد يقع في غيابها، وبذلك يمكن التمييز في القصيدة المعاصرة بين:

أ – **التضمين الحقيقي**: الذي يعني أنّ الشاعر أنهى سطره بقافية، ولم ينه المعنى إلا في السطر الّذي يليه، فهذا هو المعنى الحقيقي

للتضمين، الذي يقوم على ضرورة تعلّق المعنى في وجود القافية.

ب – **التضمين الوهمي**: ويعني غياب التضمين ووجود ما يوهم به، بمعنى أنّ الشاعر ينحو منحى آخر، فلا يُنهي السطر بقافية، ولا يُنهي معناه إلا في السطر الّذي يليه، وعمله هذا لا علاقة له بالتضمين، فصحيح أنّ معنى السطر الشعري لا ينتهي إلا في الّذي بعده، أو ما بعد الّذي بعده، بحسب عدد الأسطر التي أراد الشاعر توزيع المعنى عليها، غير أنّ ذلك وقع منه في غياب القافية، وغيابها في ظلّ ارتباط السطرين أو الأسطر معنوياً، يعني غياب التضمين. فلا ينبغي أن يوهمنا توزيع المعنى بين سطرين، بوجود التضمين في غياب القافية. ومن ثمة فالتضمين الوهمي له علامتان: خلو السطر من القافية، أو وجود التدوير في نهايته. وبذلك يمكن التمييز فيه بين التضمين المدور، الذي يتعلق فيه المعنى بين السطرين في وجود تدوير التفعيلة، وغياب القافية هنا سببه التدوير كما شرحنا في إطار القافية المدورة، التي تعني غياب القافية. والتضمين غير المدور، الذي يتعلق فيه المعنى بين السطرين في غياب تدوير التفعيلة، وغياب القافية هنا سببه رغبة الشاعر في عدم تقفية السطر.

بهذا المعنى، فإنّ رصد التضمين في الشعر المعاصر، لم تعد تكفي فيه الكتابة الإملائية للنص، فهذه ترصد فقط الجانب التركيبي والدلالي للتضمين، أما الجانب العروضي فيه، والمرتبط بالقافية، فلا بدّ من إجراء الكتابة العروضية، وما يتعلق بها من رموز وتفاعيل، حتى نضبط القوافي الموجودة أولاً، ونبني على وجودها وجود التضمين من عدمه. إذ نشدّد هنا، على أنّه تزداد صعوبة رصد التضمين

العروضي الحقيقي في القصيدة الحرّة، حين لا يكرّر الشاعر رويّه، أي لا يعتمد العلامة الثانية للقافية، وإنّما يربطه بتفعيلة بها تغيير من التغييرات الدالة على الضرب تؤكّد وجود القافية، مستثمراً العلامة الأولى من علامتي القافية، على نحو ما تناولنا ذلك وبيّناه بتفصيل، ما يعني أنّ رصد التضمين في هذه الحالة، لا محيد فيه عن كتابة عروضية للقصيدة، وما يتّصل بها من رموز وتفاعيل، للوقوف على جميع قوافيها، حتّى يكون الحكم بوجود التضمين الحقيقي فيها من عدمه في محلّه، وإلا فإنّ غياب هذا، سيوقعنا في فخّ اعتبار التضمين الحقيقي تضميناً وهمياً، عندما لا يكرر الشاعر الروي (العلامة الثانية) مورداً فقط تغييراً دالاً على الضرب (العلامة الأولى)، أو اعتبار الوهمي تضميناً حقيقياً، حين يرتبط ما يعتقد أنه روي بتفعيلة أصابها تدوير.

في إطار التطبيق، وحتى لا يبقى كلامنا نظرياً، نستحضر مجموعة من الشواهد لحضور التضمين في الشعر المعاصر، بشكليه الحقيقي والوهمي، مع توجيه إلى أنه تحكم حضوره ثلاثة قوانين، الأول منها يأتي فيه التضمين حقيقياً فقط، والثاني يحصل فيه جمع بين الحقيقي والوهمي، والثالث يقع فيه وهمياً فقط. ويشكل القانون الثاني النمط المهيمن في المنجز الشعري المعاصر، يليه القانون الأول الذي له وجود نسبي، أما القانون الثالث فيكاد يكون حصراً لما يصطلح عليه بالقصيدة المدورة.

النموذج الأول: مقطع لمحمود درويش من قصيدة (أجمل حب) قال فيه (بـحـر المتقارِب):

1 – حَبِيبَانِ نَحْنُ إِلَى أَنْ يَنَامَ القَمَرْ

فعولن فعولُ فعولن فعولن فعو**

2 – وَنَعْلَمُ أَنّ العِنَاقَ وَأَنّ القُبَلْ

فعولُ فعولن فعولُ فعولن فعو**

3 – طَعَامُ لَيَالِي الغَزَلْ

فعولُ فعولن فعو**

4 – وَأَنّ الصّبَاحَ يُنَادِي خُطَايَ لِكَيْ يَسْتَمِرْ

فعولن فعولُ فعولن فعولُ فعولن فعو**

5 – عَلَى الدّرْبِ يَوْماً جَدِيداً[57]

فعولن فعولن فعولن

في هذا المقطع، يحضر التضمين بدءاً من السطر الثاني، الذي ينتهي فيه الوزن ولا تنتهي الدلالة والتركيب، فخبر (أنّ) لا يظهر إلا في السطر الثالث (طعام)، ثم السطر الرابع معطوف بالواو على الثاني، والمعنى فيه لا ينتهي إلا في السطر الخامس، وكل هذا جرى في حضور القافية بين الأسطر، كما هو مؤشر عليه فوق التفاعيل بنجمتين، إشارة إلى أنه تدل على حضورها العلامتان معاً، تكرار الروي (الراء/ اللام)، وتغيير من التغييرات الدالة على الضرب (علة الحذف)، ولذلك فإنّ التضمين هنا تضمين حقيقي.

النموذج الثاني: للشاعر محمد السرغيني من قصيدته (إلى الفاريز) قال فيها (بحر الرجز):

1 – صَدِيقِيَ الأبِيْ

متفعلن متف(فعو)**

2 – بِالأمْسِ كُنْتَ تَطْفُو كَالصَّبِيْ

مستفعلن متفعلن متف(فعو)**

3 – عَلَى الحُرُوفِ فِي بَرَاءَةِ النَّبِيْ

متفعلن متفعلن متفعلن *

4 – وَلَمْ تَكُنْ جَبَانَا

متفعلن متفعلْ**

5 – وَحِينَ عُدْتَ مَرَّةً إِلَى مَقَامِكَ القَصِيْ

متفعلن متفعلن متفعلن متفعلن *

6 – وَكُنْتَ كَالسَّيْلِ العَتِيْ

متفعلن مستفعلانِ*

7 – وَخَمَدَتْ أَلْغَامُكْ

متعلن مستفعلْ**

8 – وَخَفَتَتْ أَنْغَامُكْ

متعلن مستفعلْ**

٩ – وَلَمْ تَزَلْ إِنْسَانًا

متفعلن مستفعلْ**

١٠ – أَتَى الوَصِيُّ غَاضِباً أتَى الدَّعِي

متفعلن متفعلن متفعلن *

١١ – فَمَاتَتِ الأفْكَارُ

متفعلن مستْفعلْ**

١٢ – وَانْطَفَأَ النَّهَارُ

مستعلن متْفعلْ**

١٣ – خَلْفَ عُبُوسِ السُّورِ وَالقُضْبَانِ

مستعلن مستفعلن مستفعلْ**

١٤ – وَقَبْضَةِ السَّجَّانِ (58)

متفعلن مستفعلْ**

إنّ تأمل هذا النص، يظهر أنّ جميع أسطره مقفاة، والقافية فيه
تدل عليها مرّة علامة واحدة (تكرار الروي)، ومرة أخرى العلامتان
معاً (تكرار الروي والتغيير الدال على الضرب)، وهو ما أشّرنا عليه
بالنجيمات على التفاعيل، وكونها مقفاة معناه أنّ الوزن فيها انتهى.
وبالوقوف على الدلالة والتركيب في سطور النص، نجد أن الشاعر
قد جعل لهما امتداداً متواصلاً من البداية إلى النهاية، باعتماد الضمير

والظرف والعطف، فالسطر الثاني مرتبط بالأول بالضمير (كنت)، والسطر الثاني ينتهي وزنه ودلالته لا تنتهي إلا في الثالث، والرابع معطوف بالواو على الثالث، وكذلك الخامس على الرابع، حيث تظهر فيه (حين)، وهي ظرف زمان منصوب مضاف، بينما لا يظهر المضاف إليه المرتبط بها إلا في السطر العاشر، وقد جاء جملة فعلية (أتى الدعي)، وبين المضاف والمضاف إليه، سلسلة من المعطوفات من السطر السادس إلى التاسع. ثم السطر الحادي عشر معطوف بالفاء على العاشر، والثاني عشر بالواو على الحادي عشر، ولا ينتهي معناه إلا في السطر الثالث عشر، الذي ظهر فيه ظرف المكان (خلف) المنصوب المضاف، وتعدُّد المضاف إليه، جعل الدلالة لا تنتهي إلا في السطر الأخير. وبما أنّ كل هذا وقع في حضور القافية بين جميع السطور، فالتضمين هنا حقيقي.

النموذج الثالث: للشاعر بدر شاكر السياب من قصيدته (النهر والموت) قال فيها (بحر الرجز):

1 – يَا نَهْرِيَ الحَزِينَ كَالمَطَرْ

مستفعلن متفعلن فعولْ **

2 – أَوَدُّ لَوْ عَدَوْتُ فِي الظَّلَامْ

متفعلن متفعلن فعولْ **

3 – أشُدُّ قَبْضَتَيَّ تَحْمِلَانِ شَوْقَ عَامْ

متفعلن متفعلن متفعلن فعولْ **

4 – فِي كُلِّ إِصْبَعٍ كَأَنِّي أَحْمِلُ النُّذُورْ

مستفعلن متفعلن متفعلن فعولْ **

5 – إِلَيْكَ مِنْ قَمْحٍ وَمِنْ زُهُورْ

متفعلن مستفعلن فعولْ **

6 – أَوَدُّ لَوْ أَطِلُّ مِنْ أَسِرَّةِ التِّلَالْ

متفعلن متفعلن متفعلن فعولْ **

7 – لِأَلْمَحَ القَمَرْ

متفعلن فعولْ **

8 – يَخُوضُ بَيْنَ ضِفَّتَيْكَ يَزْرَعُ الظِّلَالْ

متفعلن متفعلن متفعلن فعولْ **

9 – وَيَمْلَأَ السِّلَالْ

متفعلن فعولْ **

10 – بِالمَاءِ وَالأَسْمَاكِ وَالزَّهَرْ [59]

مستفعلن مستفعلن فعولْ **

التضمين في نص السياب حضر بشكل مقطعي، فبعد السطر
الأول الذي يمكن أن يستقل بمعناه، نجد التضمين في مقطعين، الأول
من السطر الثاني إلى السطر الخامس، والثاني من السطر السادس

إلى السطر العاشر، والمعنى فيهما معاً متعلق بـ(لو)، التي وردت في السطر الثاني، فارتبط بها الأسطر الثالث والرابع والخامس، حيث انتهى المعنى. وظهرت في السطر السادس، ليتعلق بها المعنى في السابع والثامن والتاسع والعاشر، حيث توقفت الدلالة. وتعلق المعنى بين جميع السطور وقع في حضور القافية، فجميع السطور مقفاة، كما هو مؤشر على تفاعيلها بنجمتين، إشارة إلى أنّ القافية فيها تدل عليها العلامتان معاً، تكرار الروي (الراء/ الميم/ اللام)، وتغيير دال على تفعيلة الضرب (علة القصر)، وهو ما يعني أننا أمام تضمين حقيقي.

النموذجان الرابع والخامس: للشاعرة الفلسطينية فدوى طوقان، الأول من قصيدتها (هو وهي) قالت فيه (بحر السريع):

1 ـ خُذْنِي بَعِيداً، انْطَلِقْ بِي عَلَى

مستفعلن مستفعلن فاعلن *

2 ـ أجْنِحَةِ الأشْوَاقِ، خُذْنِي إلَى

مستعلن مستفعلن فاعلن *

3 ـ رُكْنٍ مِنَ الدُّنْيَا وَرَاءَ البَعِيدْ

مستفعلن مستفعلن فاعلانْ *

4 ـ خُذْنِي إلَى رُكْنٍ مِنَ الأرْضِ

مستفعلن مستفعلن فاعلْ **

5 – لَمْ تَنْطَلِقْ فِي جَوِّهِ الفِضِّيْ

مستفعلن مستفعلن فاعلْ **

6 – هَذِي الظِّلَالُ السُّودُ مِنْ حَوْلِي

مستفعلن مستفعلن فاعلْ *

7 – رُكْنٍ نَقِيِّ الأُفْقِ لَا تَحْبُو

مستفعلن مستفعلن فاعلْ **

8 – لِلْآدَمِيِّينَ عَلَيْهِ ظِلَالْ

مستفعلن مستعلن فاعلانْ **

9 – سُكَّانُهُ الطَّيْرُ وَأَنْفَاسُهْ

مستفعلن مستعلن فاعلْ *

10 – النُّورُ وَالسَّلَامُ وَالحُبُّ

مستفعلن متفعلن فاعلْ **

11 – مُلَوَّنٌ حُرّ كَدُنْيَا الخَيَالْ [60]

متفعلن مستفعلن فاعلانْ **

إن نص فدوى هنا ثلاثة مقاطع من حيث التضمين، الأول من السطر الأول إلى الثالث، والتضمين فيه حقيقي، وقع في حضور

القافية التي دلّت عليها في مناسبتين العلامة الأولى (تكرار روي اللام)، وفي مناسبة واحدة العلامة الثانية فقط (التذييل = فاعلانْ)، فالتركيب انتهى في السطر الأولى بـ(على)، التي يأتي اسمها المجرور في بداية السطر الثاني (أجنحة الأشواق)، والأمر نفسه بالنسبة للسطر الثاني الذي وقف فيه التركيب على (إلى)، التي يأتي اسمها المجرور في بداية السطر الثالث (ركن).

المقطع الثاني من السطر الرابع إلى السطر السادس، حيث بدأت الدلالة في الرابع واستمرت إلى السادس مخترقة الخامس أيضاً، وذلك وقع في حضور القافية، التي دلّ عليها في مناسبتين العلامة الأولى (تكرار روي الضاد)، وفي مناسبة واحدة العلامة الثانية فقط (علة القطع = فاعلْ). أما المقطع الثالث فمن السطر السابع إلى النهاية، حيث تعلّق السطر السابع بالسطر الثاني (إلى)، واستمرت الدلالة منه إلى باقي الأسطر. وذلك وقع في حضور القافية التي دلّ عليها في مناسبتين العلامتان معاً (تكرار روي اللام والباء + علة القطع والتذييل)، وفي مناسبة واحدة العلامة الأولى فقط (علة القطع = فاعلْ)، وكلّ ذلك مؤشر عليه بالنجيمات فوق التفاعيل. وبذلك فالتضمين لدى فدوى هنا تضمين حقيقي.

النموذج الثاني للتضمين لدى فدوى طوقان نجده في قصيدتها (رجوع إلى البحر)، قالت فيها (بحر الكامل):

1 ـ جِئْنَا نُلَمْلِمُ مَا تَبَعْثَرَ مِنْ خُطَى أَعْمَارِنَا
مُتْفَاعِلن متفاعلن متفاعلن مُتْفَاعِلن *

2 – وَنَشُقُّ أَتْلَامَ الهَوَى لِبِذَارِنَا

متفاعلن متْفاعلن متفاعلن *

3 – وَلَقَدْ مَضَيْنَا نَزْرَعُ الأَشْوَاقَ وَالحُبَّ

متفاعلن متْفاعلن متْفاعلن متْف

4 – المُنَضَّرَ وَالحَنِينْ

ـاعلن متفاعلانْ **

5 – لَكِنْ عَلِمْنَا بَعْدَ حِينْ

متْفاعلن متْفاعلانْ **

6 – أَنَّا زَرَعْنَا زَرْعَنَا فِي المِلْحِ فِي الأَرْضِ

متْفاعلن متْفاعلن متْفاعلن متْف

7 – البَوَارْ

ـاعلانْ

8 – أَنَّا ضَلَلْنَا حِينَ أَلْقَيْنَا البِذَارْ

متْفاعلِن متْفاعلن متْفاعلانْ *

9 – فِي قَلْبِ أَرْضٍ لَا تَغِلُّ

متْفاعلن متْفاعلاتنْ **

10 ــ كَانَ الجَفَافُ نَصِيبَنَا وَلِغَيْرِنَا خِصْبٌ وظِلُّ [61]

متْفاعلن متفاعلن متفاعلن متْفاعلاتنْ **

في هذا النموذج لدى فدوى وبخلاف النموذج السابق، نجد حضوراً للتضمين الحقيقي والوهمي، فبين السطرين الأول والثاني تضمين حقيقي، إذ عطِف الثاني على الأول في حضور القافية التي تدل عليها العلامة الثانية فقط (تكرار روي النون). وبين السطرين الثالث والرابع تضمين وهمي، حيث وقف الثالث عند كلمة (الحب)، التي تأتي صفتها في بداية الرابع (المنضر)، غير أنّ ذلك وقع في غياب القافية وحضور التدوير. والسطر الخامس استدراك على المعنى في ما قبله (لكن)، واستمر مستدركاً في السطور بعده إلى النهاية، ووسط هذا الاستدراك وقع حضور قوي للقافية، شوّش عليه بروز التدوير في سطر واحد، ما خلق تداخلاً بين التضمينين الحقيقي والوهمي.

آخر نموذج نقف عنده هو قصيدة لأحمد مطر بعنوان (التكفير والثورة) قال فيها (بحر الرجز):

1 ــ كَفَرْتُ بِالأَقْلَامِ وَالدَّفَاتِرْ

متفعلن مستفعلن ستفعلْ **

2 ــ كَفَرْتُ بِالفُصْحَى الَّتِي

متفعلن مستفعلن

3 ــ تَحْبَلُ وَهْيَ عَاقِرْ

مستعلن متفعلْ **

4 – كَفَرْتُ بِالشِّعْرِ الَّذِي

متفعلن مستفعلن

5 – لاَ يُوقِفُ الظُّلْمَ وَلاَ يُحَرِّكُ الضَّمَائِرْ

مستفعلن مستعلن متفعلن متفعلْ**

6 – لَعَنْتُ كُلّ كِلْمَةٍ

متفعلن متفعلن

7 – لَمْ تَنْطَلِقْ مِنْ بَعْدِهَا مَسِيرَهْ

مستفعلن مستفعلن متفعلْ**

8 – وَلَمْ يَخُطَّ الشَّعْبُ فِي آثَارِهَا مَصِيرَهْ

متفعلن مستفعلن مستفعلن متفعلْ**

9 – لَعَنْتُ كُلّ شَاعِرْ

متفعلن متفعلْ**

10 – يَنَامُ فَوْقَ الجُمَلِ النَّدِيّةِ الوَثِيرَهْ

متفعلن مستعلن متفعلن متفعلْ**

11 – وَشَعْبُهُ يَنَامُ فِي المَقَابِرْ

متفعلن متفعلن متفعلْ**

12 – لَعَنْتُ كُلَّ شَاعِرْ

متفعلن متفعلْ**

13 – يَسْتَلْهِمُ الدَّمْعَةَ خَمْراً

مستفعلن مستعلن مسـ

14 – وَالأَسَى صَبَابَةً

تفعلن متفعلن

15 – وَالمَوتَ قُشْعَرِيرَهْ

مستفعلن متفعلْ**

16 – لَعَنْتُ كُلَّ شَاعِرْ

متفعلن متفعلْ**

17 – يُغَازِلُ الشَّفَاهَ وَالأَثْدَاء والضَّفَائِرْ

متفعلن متفعلن مستفعلن متفعلْ**

18 – فِي زَمَنِ الكِلابِ والمَخَافِرْ

مستعلن متفعلن متفعلْ**

19 – وَلاَ يَرَى فَوْهَةَ بُنْدُقِيةٍ

متفعلن مستعلن متفعلن

20 - حِينَ يَرَى الشِّفَاهَ مُسْتَجِيرَهْ

مستعلن متفعلن متفعلْ**

21 - وَلَا يَرَى رُمَّانَةً نَاسِفَةً

متفعلن مستفعلن مستعلن

22 - حِينَ يَرَى الأَثْدَاءَ مُسْتَدِيرَهْ

مستعلن مستفعلن متفعلْ**

23 - وَلَا يَرَى مَشْنَقَةً

متفعلن مستعلن

24 - حِينَ يَرَى الضَّفِيرَهْ

مستعلن متفعلْ**

25 - فِي زَمَنِ الآتِينَ لِلْحُكْمِ

مستعلن مستفعلن مستـ

26 - عَلَى دَبَّابَةٍ أَجِيرَهْ

ـعلن مستفعلن متفعلْ**

27 - أَوْ نَاقَةِ العَشِيرَهْ

مستفعلن متفعلْ**

28 – لَعَنْتُ كُلّ شَاعِرْ

متفعلن متفعلْ**

29 – لاَ يَقْتَنِي قُنْبُلَةً

مستفعلن مستعلن

30 – كَيْ يَكْتُبَ القَصِيدَةَ الأَخِيرَهْ[62]

مستفعلن متفعلن متفعلْ**

القوافي في هذه القصيدة، تدل عليها العلامتان معاً، كما هو مؤشر له بنجمتين على التفاعيل. ونجد حضوراً للتضمين الحقيقي بدءاً من السطر الثامن، حيث جاء هذا السطر معطوفاً على السابع المنتهي بقافية رويّها الراء الموصولة بهاء ساكنة، ومتمّماً للمعنى الّذي بدأ في السطر السادس، واستمرّ في السابع. كما نجد هذا التضمين جليّاً بدءاً من السطر التاسع، حيث خُتم هذا السطر بقافية رويها الرّاء الساكنة، ولم ينته معناه الّذي استمر في السطر العاشر المختوم هو الآخر بقافية رويّها الرّاء الموصولة بهاء ساكنة، وعَبَرَه إلى السطر الحادي عشَرَ، حيث اكتمل المعنى. ونجد لهذا التضمين أيضاً حضوراً في بعض أسطر القصيدة الباقية، بين السطرين السابع عشر والثّامن عشر.

أمّا التضمين الوهمي، أي ما ليس تضميناً لتعلّق المعنى بين الأسطر في غياب القافية، فيحضر بين السطرين الثاني والثالث، وبين السطرين الرابع والخامس، حيث انتهى السطران الثاني والرابع، ولم ينته معناهما إلا في السطرين الثالث والخامس على

التوالي، لكن تعلّق المعنى هنا جرى في غياب القافية، والأمر عينه يقال عن السطر السادس في علاقته بالسابع. ونجده كذلك ابتداء من السطر الثالث عشر، حيث انتهى السطر بتدوير ولم ينته معناه، وإنّما استمرّ منساباً في السطر الرّابعَ عشرَ، واخترقه إلى السطر الخامسَ عشرَ، حيث انتهى. كذلك بين السطرين التاسع عشر والعشرين، وبين الواحد والعشرين والثاني والعشرين، وبين الثالث والعشرين والرابع والعشرين، وبين السطر الخامس والعشرين في ارتباطه بالسادس والعشرين، والتاسع والعشرين في اتصاله بالثلاثين.

3 – 2 – تمييــز التضمين عــن التدوير بالقافية في الشــعر المعاصر:

ما نعالجه في هذا المحور شديد التعلق بالمحور السابق، فإذا كّنا فيه ضبطنا حضور التضمين في القصيدة المعاصرة بالاحتكام إلى القافية، فإنّنا هنا نسعى إلى فصل التدوير عن التضمين والتمييز بينهما، بالاحتكام للقافية أيضاً، ذلك أنّ المتتبع لما يكتب حول التدوير، والتضمين على الخصوص، يقف حيران في أمره أمام ما تورده مجموعة معتبرة من الدراسات، من آراء تتحدث عن التدوير بمعنى التضمين، أو التضمين بمعنى التدوير، لكن ذلك أكثر طغياناً في المباحث التي تعقد لدراسة التضمين.

نرى أنّ الخلط بين ظاهرتين عروضيتين منفصلتين عن بعضهما، هما التضمين والتدوير، سببه من جهة عدم فهم وضعيتهما الانتقالية من قصيدة الشطرين إلى قصيدة الشعر الحر، ومن جهة ثانية الافتقار

إلى ضبط ما يحكم حضورهما من عدمه في النص، ونعني القافية، ذلك أنّ عدم فهم الوضعية المعاصرة لوجود القافية في الشعر المعاصر، أربك تحليل الظواهر التي تتصل بها وتحكمها، ومنها التدوير والتضمين. وإذا كنّا وقفنا عند ما يتصل بصلة التدوير بالقافية في إطار القافية المدورة، فإنّنا هنا نبحث في صلة القافية بالتضمين في استحضار لصلتها بالتدوير، لكن قبل أن نعالج ذلك، نعرض لبعض مظاهر الارتباك والخلط بين التضمين والتدوير التي وقع فيها مجموعة من الدارسين.

أ ـ الخلط بين التضمين والتدوير:

انتشر التدوير في الشعر الحرّ انتشاراً كبيراً، وأُولِعَ به روّاده، حيث لم يسلم من عدواه سوى نزر يسير من النتاج الشعري الجديد[63]، غير أنّ الدرس العروضي الحديث، لم يعد يتعامل مع التدوير بمعنى انشطار الكلمة، بل اتّخذ في القصيدة الحرّة مفهوماً حديثاً، لأنّ التدوير بمفهومه القديم لا يمكن أن يرد فيها، بسبب غياب نظام الشطرين واعتمادها على نسق الأسطر بدله[64]. ومن ثمة أصبح التدوير في الشعر الحرّ، يعني انقسام التفعيلة بين السطر والّذي يليه، أي إنّ التدوير هنا، يفرض تمزيق الوحدة الوزنية (التفعيلة) إلى جزأين، ينتهي بأحدهما سطر، ويبدأ بثانيهما السطر الموالي له. فالشاعر لا يفتّت الكلمة ليستوي جزء منها في نهاية سطر والجزء الآخر في بداية آخر يليه، بل يلجأ إلى تفتيت التفعيلة، مما يفرض عليه أن يبدأ سطره بجزء من الوحدة الوزنية، ثم سرعان ما ينتقل إلى الوحدة

الوزنية الكاملة ليكمل سطره[65] الّذي قد ينتهي بتفعيلة مكتملة، وقد ينتهي بتفعيلة منقسمة كما بدأ بها. وبهذا انتقل التدوير من شكله البسيط المحدود، إلى شكل ينطوي على قدر من التعقيد، ما أحدث إشكالية تقبّل هذا النمط الجديد منه، بسبب طبيعة المهيمن الذّوقي الّذي كان سائداً عند المتلقّي [66].

نبدأ هنا باعتراف من الناقد يوسف الصائغ، يزكي فيه ما ذهبنا إليه من شيوع الخلط بين التدوير والتضمين، حيث قال عن التدوير: «ونحسب أنّ هذا المصطلح، شاع خطأ للدلالة على مصطلح عرفه القدماء هو التضمين، مشيرين إلى ارتباط بيت عروضياً بالبيت الذي يليه. وإذا شاع مصطلح التدوير للدلالة على ظاهرة التضمين في الشعر الحرّ، فإننا سنعتمده للإشارة إلى ارتباط شطرين من أشطر الحر أو النثر بتفعيلة واحدة أو أكثر»[67]. نجد كذلك الناقد محمد حماسة عبد اللطيف، يشير إلى الخلط الذي يقع لدى الدارسين بين التضمين والتدوير، وذلك خلال دراسته للجملة في الشعر العربي، وفي تعليله لذلك ربطه بظاهرة شعرية تتصل بقصيدة الشطرين المخبّأة أو المخبوءة، ونعني بها إثبات قصائد بشطرين على شكل الشعر الحر في الصفحة، إذ يرى أنها جعلت عدداً من الدارسين يتحدثون عن التضمين بالتدوير أو العكس. قال: «الظاهرة التي يسميها بعض الباحثين تدويراً على ما رأينا، يخلط بعضهم فيسميها تضميناً حيناً، وتدويراً حيناً آخر، وبذلك يجعل التضمين حيث لا تضمين، والتدوير حيث لا تدوير، وإنما هو بيت متصل آثر الشعراء أن يكتبوه موزعاً على عدد من الأسطر، وهذا التوزيع هو الذي ضلّل

الباحثين، فوقعوا فيما لا يصح الوقوع فيه، إذ نظروا للسطر وهو جزء من بيت، على أنه بيت، وتعاملوا معه بهذه الصفة، مع أنه لا يستقيم عروضياً في كثير من الأحيان»[68]. وإذا كنا نوافق الدارس في تصوّره، فإننا نضيف أنّ الخلط بين الظاهرتين، لم يكن محكوماً بقصيدة الشطرين المخبّأة فحسب، وإنما بقصيدة الشعر الحر أيضاً، بالاعتبارات التي سنفصّل القول فيها.

أما الخلط بين الظاهرتين، فنجده بداية لدى محمد النويهي، في قوله عن ظاهرة التدوير: «هي في نظرنا أقرب إلى التضمين منها إلى التدوير، لأنهم لا يشطرون الكلمة نفسها دائماً، ولكنّنا لا نريد أن نتجادل في التسميات، فسواء عددناها تدويراً يصل بين شطري البيت الواحد، أو تضميناً يصل بين بيت وبيت تال له، أو كانت مزيجاً من الشيئين، فهذا هو الأصل فيها والدافع إليها»[69]. والحقيقة أنّ الأمر هنا، يحتاج إلى جدال في التسميات، لما بين الظاهرتين من اختلاف نأتي عليه.

نجد كذلك الناقد حسني يوسف في كتابه (موسيقى الشعر العربي)، بضع عنواناً هو (التضمين)، مدرجاً تحته وجه شاهد، دأب العروضيون على استحضاره في الكلام عن التضمين (يا ذا الذي في الحب بلحم)، معلقاً عليه بالقول: «ولا شك أنّ هذا التدوير، يحدث نوعاً من التلاحم والاستمرارية الإيقاعية واللغوية»[70]. ثم يعود داخل نفس الكتاب ليضع عنواناً آخر هو (التدوير)، بتعريف له يقول فيه: «هو اشتراك شطري البيت في كلمة واحدة، ويسمى البيت المدور والمداخل والمدمج»[71]. فكيف للتدوير أن يكون هنا وهناك بدلالتين مختلفتين.

117

أبو فراس النطافي أيضاً، ممن تحدثوا عن التضمين بمعنى التدوير، مميزاً في التدوير بين اللفظي وهو المعروف، والمعنوي، ويقصد به التضمين. وهو وإن كان واعياً بأنه تضمين، إلا أنه مع ذلك يصر على تسميته بالتدوير المعنوي، ولا ندري الغاية من ذلك. قال: «التدوير اللفظي بين الأبيات نادر في الشعر المقفى، أما المعنوي (التضمين) فتوجد منه أمثلة كافية في واقع الشعر»[72]. وقال في مكان آخر: «خلاصة هذه الأقوال، أنّ التدوير اللفظي لم يكن ظاهرة معروفة بين الأبيات في الشعر القديم، بيد أنّ التدوير المعنوي (التضمين) كان معروفاً، وقد اعتبره معظم النقاد القدامى من عيوب الشعر»[73]. والحقيقة أنّ القدماء لم يتحدّثوا مطلقاً عن التدوير بمصطلح التضمين كما يفعل هو، وإنما استعملوا مصطلحات مثل المدمج والمداخل، ولم تتصل لا هي ولا اصطلاح المدوّر بمعنى العيوب كما توهّم الناقد في حديثه هنا، ثم هو يدرس ظاهرة التدوير في بحثه القيم، فلماذا الزجّ بالتضمين فيه؟!.

دارس آخر، هو عبد الحميد جيدة، نحا نحو أبي فراس النطافي، فتحدث عن التضمين بما سماه التدوير المعنوي، مقابل التدوير اللفظي، أي إنه جعل التضمين قسماً من أقسام التدوير، وما ضرّه لو تحدث عن انقسام الكلمة، أو التفعيلة بالتدوير، وعن استمرار المعنى في التدفق خارج البيت أو السطر بالتضمين، بدل تحميل مصطلح دلالته ودلالة مصطلح آخر. قال عن التدوير في قصيدة الشطرين: «يتم التدوير في الأبيات الشعرية التقليدية، بين الشطرين في البيت الواحد، أو بين البيتين المتتاليين، عن طريق التدوير اللفظي أو المعنوي، ويرتبط بذلك آخر البيت الأول، مع أول البيت الثاني،

مع البقاء على استقلالية القافية والوزن»[74]. وقال عن التدوير في قصيدة الشعر الحر: «يتم عن طريق التفعيلة الأخيرة من الشطر، بحيث تنقسم هذه التفعيلة بين آخر الشطر الأول وأول الشطر الثاني، بالإضافة إلى التدوير اللفظي والمعنوي»[75].

إنّ الدارس هنا، علاوة على إدراجه للتضمين ضمن التدوير، تحت مسمى التدوير المعنوي، نجده يدرج في التدوير اللفظي المعروف، ما أشرنا إليه بالمجاز أو الإغرام في إطار التضمين المعجمي، أي لم يقصر التدوير القديم على انقسام الكلمة بين نهاية الصدر وبداية العجز، وإنما أشار إلى انقسامها فيه بين البيتين المتتاليين في كلامه السابق، بل انقسامها بين السطرين في قصيدة الشعر الحر. محمِّلاً بذلك مصطلح التدوير أكثر مما يطيق.

من الدارسين أيضاً، من لا يفهم معنى التدوير، ولا يميز بينه وبين التضمين، وهو محمد نجيب التلاوي، إذ نجده يقول: «وتأتي ظاهرة التدوير في الشعر المعاصر، لتسهم بدورها في تشكيل بعض النصوص الشعرية، وكان التدوير والتضمين قديماً من العيوب الشعرية، وذلك لأنهم كانوا يضطرون إلى تقطيع الكلمة بين شطرين أو بين بيتين، وذلك للحفاظ على الشكل الشعري العربي المرصود مع عمود الشعر»[76]. وعند كلمة تدوير في النص أعلاه، نجد إحالة على الهامش، يقول فيها بخصوص الكلمة: «سميت قديماً بالمدمج والمداخل، كما قال ابن رشيق في العمدة، وسماها العروضيون التضمين، واعتبروها عيباً في القصيدة التقليدية، وبعض المتأخرين يسمي الإغرام»[77].

هذا الكلام من الدارس هنا، يشتمل على أمور غير دقيقة، أولها قوله إنّ التضمين والتدوير من عيوب الشعر قديماً، وهو أمر مجانب للصواب، فإذا كان الأمر صحيحاً إلى حدّ ما، بالنسبة إلى التضمين، فإننا لم نجد أحداً من القدماء الذين تناولوا التدوير باصطلاحه، أو بالاصطلاحات الدالة عليه، صنفه في خانة العيوب، بل إنّ الإربلي العروضي، وهو بصدد الحديث عن عيوب الشعر، استثنى التدوير (الإدماج) في كلامه، وأخرجه من دائرة العيب. قال: «ونلحق بهذا [يقصد بعيب الإقعاد] نوعاً آخر ليس بمعيب، ولكنه يلائم في المعنى والتسمية (...) وهي: التخميع، والمرسل، والمدمج، والمدرج»[78].

المسألة الثانية التي تناقش في كلامه، فهمه الخاص للتدوير على أنه انقسام للكلمة بين الشطرين، وبين البيتين، والحال أنه انقسام بين الشطرين، أما بين البيتين فإغرام أو مجاز (تضمين معجمي)، ثم إنه في آخر كلامه، يضرب أخماساً في أسداس، حين قال إنّ التدوير سماه العروضيون بالتضمين، وبعض المتأخرين سماه إغراماً. فهذا تجنٍّ على العروضيين، لأنهم ميّزوا بشكل دقيق بين التضمين والتدوير.

إضافة إلى هؤلاء نجد الناقد أحمد المجاطي، الذي أطلق على التضمين اسم «التدوير النحوي أو التركيبي»[79]، في مقابل التدوير العروضي، غير أنّ وقوفه عنده كان وقوفاً عابراً خلال معالجته لظواهر الإطار الموسيقي في القصيدة الحديثة، ويبدو أنّ الناقد في إطلاقه هنا، تأثر بما ورد لدى النويهي، فإذا كان في مناسبة سابقة قد عارضه وردّ عليه[80]، فإنه هنا قد اتبع نفس مساره.

ب ـ **الفصل بين التضمين والتدوير:**

رأينا من خلال النقولات السابقة، وهي غيض من فيض، تجليات الخلط الواضح بين التضمين والتدوير، ونحن إذ نسجّلها هناك، فإننا نرفض ما جاءت به جملة وتفصيلاً، لأننا ننظر إلى الظاهرتين بمنظور عروضي فاصل بينهما، وإذا كنا قد استدعينا القافية سابقاً لتمييز الحضور الفعلي للتضمين (الحقيقي)، من الحضور المزيف (الوهمي)، بعدما ضبطنا في محور سابق وضعية وجودها هي في الشعر المعاصر، فإننا نبني على ذلك كله ونستدعيها تارة أخرى للفصل بين التدوير والتضمين، إذ سنرى من خلال التحليل، صلة الظاهرتين بها، وكيف أنّها تثبت الحضور في النص الشعري المعاصر لأحدهما فقط في نهاية السطر، أمّا حضورهما معاً في نهايته، فإمكان غير وارد بالمطلق، ومن ثمة يبقى التدوير تدويراً، والتضمين تضميناً.

الإشكال لدى الدارسين هنا، كان نابعاً من عدم ضبط التحوّل الذي عرفه التدوير والتضمين بين البيت والسطر، فكلاهسا انتقل من قصيدة الشطرين إلى قصيدة الشعر الحر، لكن بتحوّل فارق بينهما، يخص المفهوم من جهة، والتموقع من جهة ثانية. فالتدوير غيّر مفهومه وتموقعه، إذ من حيث المفهوم كان في البيت تدويراً للكلمة، يخص الحفاظ على الوزن (الوقفة العروضية) على حساب المعنى (الوقفة الدلالية)، بينما في السطر أصبح تدويراً للتفعيلة، يخرق الوقفة العروضية، ولم يعد مهتماً بالحفاظ على الوزن على حساب المعنى، ولا بالمعنى على حساب الوزن، فقد ينتهي المعنى في نهاية

السطر ولا ينتهي الوزن، وقد لا ينتهي المعنى في نهاية السطر ومعه عدم انتهاء للوزن، وقد ينتهي الوزن ولا ينتهي المعنى، وقد ينتهيان معاً. ومن حيث التموقع، فإنّه غيّر موقعه من وسط البيت في قصيدة الشطرين، إلى نهاية السطر في قصيدة الشعر الحر. أما التضمين، فانتقل هو الآخر من قصيدة الشطرين إلى قصيدة الشعر الحر، لكنه حافظ على مفهومه وتموقعه، فمن حيث المفهوم ظلّ دالاً على تعلق المعنى في حضور القافية، ومن حيث التموقع ظلّ في النهاية دائماً، نهاية السطر بعدما كانت نهاية البيت.

إنّ الدارسين التبس عليهم الأمر، فخلطوا بين التضمين والتدوير، بسبب أنّ التدوير غيّر موقعه، وأصبح في نهاية السطر، أي أصبح يتموقع في موقع التضمين، وهذا التموقع الجديد الذي كان مرفوقاً بتحول في المفهوم (انقسام التفعيلة)، أكسب التدوير خاصية من خصائص التضمين لم تكن له قديماً، هي الامتداد، غير أنّ تشاركهما في هذه الخاصية لا يعني تطابقها فيهما، لأنّ التضمين امتداد للتركيب والدلالة إلى السطر الموالي، بينما التدوير بمفهومه الجديد امتداد للوحدة الوزنية (التفعيلة).

معظم الدارسين ممن خلطوا بين التدوير والتضمين، اعتبروه امتداداً في اتجاه واحد هو التضمين، غير واضعين في الاعتبار أن ليس كل امتداد للتركيب والدلالة خارج السطر الشعري (التضمين) هو امتداداً للوزن (التدوير)، فقد يحصل فعلاً أن يجتمع الامتدادان معاً في نهاية السطر الشعري، لكنه إمكان واحد من بين أربعة إمكانات أخرى لانتهاء السطر الشعري أشرنا لها سابقاً، فقد ينتهي المعنى

بنهاية السطر ولا ينتهي الوزن، وهنا نحصل على التدوير فقط، وقد ينتهي الوزن ولا ينتهي المعنى، وهنا نحصل على التضمين فقط، وقد ينتهي الوزن وينتهي المعنى، وهنا لا نحصل على أيّ منهما، وقد لا ينتهي الوزن ولا ينتهي المعنى فنحصل على التدوير فقط، وليس عليهما معاً، كما ينصرف لذلك جلّ الدارسين.

هذا الإمكان الأخير، هو معقل الإشكال الحاصل، والسبب مفهوم التضمين الذي يرتكز كما قلنا في حديث تقدّم، إلى جانبين: جانب أوّل للدلالة والتركيب، وهذا الجانب حاضر في الإمكان الأخير؛ لأنّ المعنى لا ينتهي، غير أنّه جانب معطّل، لانتفاء الجانب الثاني الملازم له في مفهوم التضمين، وهو ارتباط عدم اكتمال التركيب والدلالة بحضور القافية، فالقافية في الإمكان الأخير غائبة، والسبب التدوير (عدم انتهاء الوزن) الذي قلنا إنّ وجوده في نهاية السطر، يعني غياب القافية، وغياب القافية يعني غياب التضمين. ونجد هذا الإمكان مثلاً في قول المجاطي (بحر الوافر):

1 – جَلَسْتُ عَلَى ضِفَافِ الشَّفَقِ المَحْزُونِ

مفاعلتن مفاعلتُ مفاعلتن مـ

2 – أَذْكُرُ كَيْفَ كَانَ اللَّيْلُ يَسْكُبُ شَعْرَكِ

ـفاعلتن مفاعلتن مفاعلتن مفـ

3 – المَحْلُولَ... يَنْثُرُ عِنْدَ أَمْوَاجِ الخُطَى

ـاعلتن مفاعلتن مفاعلتن مفا

4 – وَرُداً... يُشَنِّفُ مِسْمَعَيْكِ بِبَحَّةِ النَّايِ

علْتن مفاعلْتن مفاعلْتن مفاعلْتُ

5 – القَديمِ، وَأنْتِ أنْتِ بَعيدَةُ الأحْزانِ

ـن مفاعلْتن مفاعلْتن مفاعلْتن مـ

6 – وَالمَنْفَى [81]

فاعلْتن

فالشاعر كما يظهر هنا، لم ينهِ الوزن ولا الدلالة والتركيب، ومعظم الدارسين هنا يتحدثون عن وجود التضمين إلى جانب التدوير، والحقيقة أنّ الموجود هو التدوير فقط، ذلك أنّ وجود الأخير يغيّب القافية، وغياب القافية يعني عدم إمكانية الحديث عن مفهوم حقيقي للتضمين، الذي يرتكز في جانب منه عليها، فصحيح أنّ الدلالة والتركيب لم يتوقفا في نهاية السطور الخمسة الأولى، إلا أن ذلك وقع في غياب القافية بسبب التدوير.

ما نريد أن نصل إليه من هذا التحليل، هو أنّنا في القصيدة المعاصرة، إمّا أن نتحدّث عن وجود تضمين في نهاية السطر، أو وجود تدوير، أمّا وجودهما معاً في نهايته فغير ممكن، ذلك أن أيّ حديث من هذا النوع تناقض صارخ، لأنّ وجود التدوير (عدم انتهاء الوزن) يعني غياب القافية، وغياب القافية يعطّل التضمين، لأنّ جانباً من مفهومه مرتبط بحضور القافية، إذ كيف تكون القافية غائبة والتضمين موجوداً. ولذلك فحضور التدوير يعني غياب القافية،

كما شرحنا بشكل مفصل، وغياب القافية يعني غياب التضمين، وبالاختزال وجود التدوير يعني غياب التضمين، ووجود التضمين يعني غياب التدوير.

كثير من الدارسين في رصدهم للتضمين، يكتفون بامتداد الدلالة والتركيب بين السطرين فقط، في غياب استحضارهم للقافية، واستحضار من هذا النوع، يستلزم من ناحية فهم معنى التضمين القائم على الارتباط بالقافية، ويستلزم من ناحية أخرى الفهم المعاصر لوجود القافية في الشعر المعاصر، كما توقفنا عنده، أي لكي نعرف أننا أمام تضمين فعلاً، يجب أن ندرك أنه وقع تعلقه بالقافية، ولكي ندرك وجود القافية، يجب أن نجري الكتابة العروضية وما يتصل بها من رموز وتفاعيل، لأنّ الاكتفاء بالكتابة الإملائية، قد يدفعنا إلى الحكم بوجود تضمين، وهناك تدوير تفعيلة يعني غياب القافية، وبالتالي يعني غياب التضمين الحقيقي ووجود تضمين وهمي، أو إلى الحكم بوجود تضمين اعتماداً على عدم اكتمال المعنى والقافية غير موجودة أصلاً، ما يعني أننا نحتاج في رصد التضمين، إلى ما نحتاجه في رصد القافية، من كتابة عروضية وما يتصل بها من رموز وتفاعيل، فهذه العملية أصبحت فرضاً في التحليل الإيقاعي للقصيدة المعاصرة.

4 – 2 – إشكال التضمين الداخلي: نقد ومناقشة:

جعلنا هذا المحور في الأخير، حتى ندخل إليه وقد بسطنا جميع المتعلقات المرتبطة بمناقشته، هذا من جهة، ومن جهة ثانية، لأنّ تناوله كما يقول الأستاذ محمد العمري، يسعى إلى تصحيح ما اعتبره

«قصوراً في وجهة نظر الشعرية الحديثة، التي لم تعر في هذا الصدد اهتماماً، لما يجري داخل البيت الكلاسيكي المطّرد الـوزن»[82] . بمعنى أنّه وإن كان يهم التضمين في قصيدة الشطرين، فإنّ اعتبارات دراسته راهنة، كما أنه لا يسعى إلى معالجة ما يرتبط بالتضمين الخارجي، الذي يقع بين الأبيات، فهذا قد تقدّمت مناقشته (التركيبي/ الدلالي/ المعجمي)، وإنما نناقش هنا ما يتصل بالتضمين الداخلي على مستوى البيت الواحد.

وقف الناقد محمد العمري بشكل مفصل عند التضمين، في دراسته للتفاعل بين التقطيع النظمي والتمفصل الدلالي، والحقيقة تقال، إنّ الرجل كان منهجياً في عرض مادته، ودقيقاً فيها إلى حدّ كبير، حيث جعل التضمين في مراتب، درس تحت كل مرتبة ما يتصل بها، وتصوّره النظري لهذه المراتب، نزّله في خطاطة، فضّلنا مسحها ضوئيا وإدرجها هنا كما وردت لديه في مناسبتين[83] :

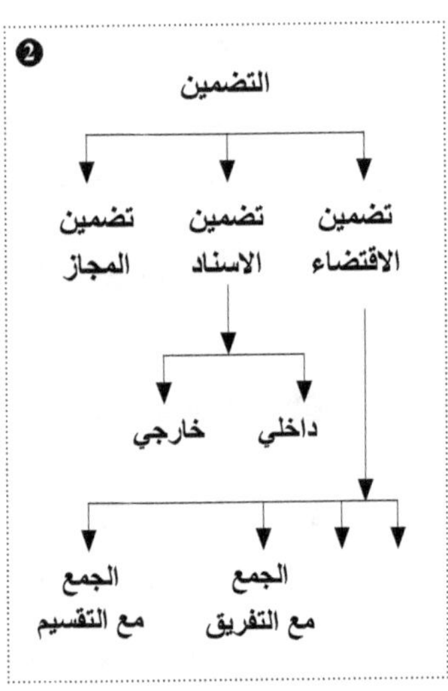

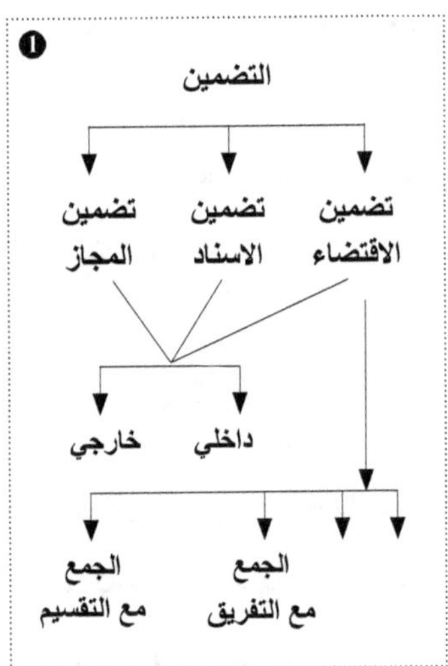

إنّ الناقد في حديثه عن التضمين، يميز بين تضمين خارجي يتم بين الأبيات، وآخر داخلي يتم داخل البيت الواحد. ففي تعريفه له يقول إنه: «اختلاف الوقف الدلالي مع مؤشرات الوقف النظمي، ومنه خارجي وهو انتهاء البيت قبل انتهاء المعنى، فيستمر في الذي بعده. وداخلي وهو استمرار معنى الشطر الأول في الثاني، أو القرينة في التي تليها، مع وجود مؤشرات الوقف. ويكون الترابط بين الطرفين إما افتقاراً، حيث لا يقوم معنى أحدهما إلا بحضور الآخر، أو اقتضاء، حيث يقتضي أحدهما الثاني لكمال المعنى أو زيادة قوته، دون أن يحتاج إليه في صحته»[84].

نجد الأستاذ العمري كذلك في حديثه عن التضمين، يقرّ بانتماء الأخير إلى علم القافية، وهذا هو الأصل، ثم ضرب من ضروبه يمكن إدراجه في علم البديع، تحت أسلوبي الجمع مع التقسيم والجمع مع التفريق. قال: «مصطلح تضمين يوجد بنفس التعريف ضمن صور عيوب القافية من جهة، وصور البديع من جهة ثانية»[85]. غير أنّه رغم إقراره بوجود مصطلح التضمين في كتب علم القافية، مصنّفاً ضمن عيوبها، فإننا لا نجد له استحضاراً لهذه الكتب في دراسته للتضمين، إذ اتكأ على مصدر يتيم هو (الكافي) للتبريزي، وركّز على كتب البلاغة بالأساس، والحال أنّ الرجل كان سيصل لنتائج أكثر دقة، لو عاد لكتب العروض والقافية.

ما يعنينا هنا في إطار المناقشة شيئان، أولهما حديث الرجل عمّا سمّاه التضمين الداخلي، أما ما ورد لديه في إطار التضمين الخارجي فهو دقيق ومتواتر في المدونات. فهل هناك فعلاً تضمين يسمى

بالداخلي؟ وإذا كان، فما الذي يحكم وجوده؟. أما ثانيهما فمرتبط بالأول، وهو قوله إنّ القدماء، تحدثوا «عن العلاقة بين التقطيع والتمفصل على مستوى الأبيات، ولم يتحدثوا عمّا يجري من ذلك داخل الأبيات إلا نادراً، ومن خاض منهم في البناء الداخلي، تبنّى ما روعي على المستوى الخارجي»[86]. فهل فعلاً في حديثهم، تبنوا في المستوى الداخلي، ما روعي في المستوى الخارجي؟.

في المستوى الأول من النقاش، بخصوص التضمين الداخلي، يشير الناقد إلى وقوعه بين الشطرين (الصدر والعجز)، وبين القرائن (الترصيعات)، ويرى فيه شاعرية تخرج التضمين من خانة العيوب. قال عن مفهوم التضمين: «نخصص الحديث بنقل هذا المفهوم إلى البناء الداخلي للبيت، فربّما اكتشفنا له فاعلية مخالفة، ربما انتقل من أن يكون عيباً من عيوب القافية، ليصير مولداً للشاعرية»[87]. إنّ حديثه الأخير هنا، يؤكد أنّه يتحدث عن التضمين الذي تواترت المدونات العروضية والنقدية، على اعتباره عيباً، وأنّه سينقل الحديث عنه من البناء الخارجي للبيت، الذي دأبت المدونات على معالجته فيه، حيث الوحدة هناك هي البيت، إلى البناء الداخلي، الذي ظلّ مهمشاً كما يقول، وفي هذا المستوى فإنّ الوحدة هي الشطران والقرائن، وأنّ من شأن هذا النقل أن يجعل التضمين مصدراً للشعرية.

إنّ الإشكال هنا، هو حديث العمري عن وجود تضمين داخلي على الدوام، ودون أن يتقيّد بمفهوم التضمين نفسه، ذلك أنّ التضمين العروضي مرتبط بعلم القافية لدى علماء العروض، وتحديداً بباب عيوب القافية، وهو في هذا الباب مفهوم له جانبان كما قلنا، عدم اكتمال

المعنى، وحصول ذلك في وجود القافية، وهذا أمر لم يستحضره الناقد في حديثه عن التضمين الداخلي، فقد رأينا في كلام سابق للدمنهوري، نقلاً لآراءٍ تلح على ضرورة ارتباط التضمين بالقافية، والعلة في ذلك، حين قال في معنى التضمين: «تعليق البيت بما بعده، أي تعليق قافيته، لأنّ الكلام في عيوب القافية»[88]. وفي المحور الذي عقدناه لمفهوم التضمين قديماً، أوردنا آراء عديدة تنص على ذلك، لا نعيدها هنا تجنباً للتكرار.

بمعنى آخر، إنّ الناقد لم يعمل على إبراز نمط البيت الذي يسمح ببروز التضمين الداخلي، وإنما ترك الأمر عاماً لجميع أنماط البيت، ذلك أنّ مفهوم التضمين بجانبيه التركيبي الدلالي والعروضي (القافية)، يحدّد نمطاً واحداً من الأبيات يحضر فيه داخلياً، هو البيت المصرّع أو المقفى، فهذا البيت، هو الذي يمكن أن نتحدّث فيه عن مفهوم حقيقي للتضمين الداخلي، إذ تحكمه الدلالة والتركيب غير التام بين الشطرين من جهة، والقافية المنتصبة في نهاية الشطر الأول من جهة ثانية. أما إذا كان البيت مصمتاً، تغيب فيه القافية في نهاية الشطر الأول، ويتسرب التركيب والدلالة إلى شطره الثاني، فهنا لا وجود للتضمين، لغياب القافية التي ينبغي أن يقع ذلك في حضورها.

إنّ القدماء كانوا أكثر وعياً بهذا الأمر، وهذا الوعي جعلهم يتحدّثون عن التضمين الداخلي بتعبير الأستاذ العمري في إطار التصريع أو التقفية فقط، لأنهم كانوا واعين بارتباط حضوره بالقافية، وأنّ الذي يحقق هذا الإمكان هو البيت المصرّع أو المقفى. أما عندما تغيب القافية بين الشطرين ـ أي عندما يكون البيت مصمتاً ـ فلم يتحدثوا

عن وجود تضمين، رغم إدراكهم لعدم اكتمال الدلالة والتركيب بين الشطرين، وذلك لسببين: الأول أنّه لا يمس وحدة البيت واستقلاليته التي نص عليها النقد القديم في مقاييسه، والتي كانت سبب تصنيف التضمين عيباً لديهم، فما يجري هنا يجري داخل البيت الواحد. والثاني أنه لا وجود للقافية التي في مفهومهم للتضمين، ومن ثمة لم يطلقوا التضمين إلا في إطار البيت المقفى أو المصرّع كما سنرى، أما ما يقع من عدم اكتمال للتركيب والدلالة بين الشطرين دون قافية في إطار البيت المصمت، فجعلوا له اصطلاحاً آخر، نأتي عليه في المستوى الثاني من النقاش.

ففي لسان العرب لابن منظور: «التصريع في الشعر تقفية المصراع الأوّل، مأخوذ من مصراع الباب»[89]، وفي تاج العروس لمرتضى الزبيدي (ت 1205هـ): «تصريع البيت من الشعر جَعْلُ عروضه كضربه»[90]. ويظهر من خلال كلام كلّ من ابن منظور ومرتضى الزبيدي، كيف أنّ الأوّل يتحدّث عن التصريع بمعناه البلاغي (البديعي)، بحيث توقّف عند مجرّد تقفية المصراع الأوّل بقافية المصراع الثاني، في الوقت الّذي تجاوز فيه الثاني الكلام عنه بالمعنى البلاغي، إلى الحديث عنه بالمعنى العروضي في قوله: «جَعْلُ عروضه كضربه».

إنّ البلاغيين يطلقون التصريع على كلّ بيت اشترك شطراه في القافية فقط، دون النظر في ما دخل على صورة العروض والضرب من تغييرات، أما العروضيون فيزيدون على ذلك، ضرورة أن تتخلّى تفعيلة العروض عن صورتها وتأخذ صورة خاصّة بالضرب، أمّا

إذا حافظت على صورتها، واقتصر الأمر على مشاركة العروض للضرب في القافية فقط، بلوازمها من الحروف والحركات، فإنهم لا يعتبرون البيت مصرّعاً، وإنّما مقفّى باصطلاحهم، ومن ثمة يكون كلّ بيت مصرّع عند أهل البلاغة هو بيت مقفّى فقط عند أهل العروض، أي إنّ أهل البلاغة، يسمّون التقفية تصريعاً، ولا يعتبرون الفرق بينهما على نحو ما نجد لدى العروضيين، وبتعبير أدقّ، لا وجود لمصطلح التقفية في قاموس أهل البلاغة (البديع).

تركيز العروضيين في التصريع على تغيير العروض لصورتها لتأخذ صورة الضرب، سببه القافية الموحدة، حيث ينبغي أن نجد نفس نوع القافية (سبكرف)، فلا معنى لوجود نفس حروف القافية في نهاية الصدر، في غياب نفس صيغة القافية الموجودة في الضرب، والأمر نفسه حتى بالنسبة إلى البيت المقفّى، فرغم أنّ العروض فيه لا تأخذ صورة الضرب، فإنّ الصورة التي تأتي عليها تفعيلتها ينبغي أن تحقق نفس نوع القافية (سبكرف) الذي تحققه صورة تفعيلة الضرب، بمعنى أنّ التقفية تعني أنّ الصورة التي في العروض، هي صورة مشتركة مع الضرب، بخلاف التصريع العروضي، الذي تكون فيه صورة العروض من الصور الخاصة بالضرب. فإذا أخذنا مثلا قول علقمة بن عبدة الفحل (ت نحو 20ق.هـ) (بحر الطويل):

1 ـ طَحَا بِكَ قَلبٌ فِي الحِسَانِ طَرُوبُ

بُعَيْدَ الشَّبَابِ عَصْرَ حَانَ مَشِيبُ

فعـولُ مفاعيلـن فعـولُ مفاعـي

فعولـن مفاعلـن فعـولُ مفاعـي

2 - يُكَلِّفُنِي لَيْلَى وَقَدِ شَطَّ وَلْيُهَا

وَعَادَتْ عَوَادٍ بَيْنَنَا وَخُطُوبُ ⁽⁹¹⁾

فعولُ مفاعيلـن فعولـن مفاعلن

فعولن مفاعيلـن فعولُ مفاعي

وقول أبي العلاء المعرّي:

1 - أَلَا فِي سَبِيلِ المَجْدِ مَا أَنَا فَاعِلُ

عَفَـافٌ وَإِقْـدَامٌ وَحَـزْمٌ وَنَائِـلُ

فعولـن مفاعيلـن فعولُ مفاعلن

فعولـن مفاعيلـن فعولـن مفاعلن

2 - أَعِنْدِي وَقَدْ مَارَسْتُ كُلَّ خَفِيَّةٍ

يُصَدَّقُ وَاشٍ أو يُخَيَّبُ سَـائِلُ ⁽⁹²⁾

فعولُ مفاعيلـن فعولُ مفاعلن

فعـولُ مفاعيلـن فعولُ مفاعلن

يظهر لنا أنّهما يسبحان في طويل له دون البحور فضائل، ونحن نعلم أنّ لهذا البحر عروضاً واحدة بصورة مقبوضة، حيث تصبح (مفاعيلن) بعد حذف الخامس الساكن (مفاعلن)، وأنّ لهذه العروض ثلاثة أضرب؛ الأوّل بصورة مقبوضة مثلها (مفاعلن)، والثاني بصورة صحيحة (مفاعيلن)، والثالث بصورة محذوفة، بحيث تصير (مفاعيلن) بعد إسقاط السبب الخفيف من آخر التفعيلة (مفاعي)، وتُنقل إلى (فعولن)، والحذف علّة لأنّه أصاب السبب بحرفيْهِ هنا، ثم يظهر

لنا بعد ذلك أنّ القافية في مطالع هذه الأبيات، ارتبطت ليس بالضرب فحسب، وإنّما بالعروض أيضاً.

بما أنّ الصدر في مطلع المثالين قد شارك العجز في القافية، بلوازمها من الحروف والحركات، فإنّ المطلعين مصرعان بالمعنى البلاغي، أمّا بالمعنى العروضي، فإنّه يجب التمييز فيهما بين المصرّع والمقفّى استناداً إلى صورة العروض. وبنظرة سريعة إلى تفعيلة العروض في المطلعين، يظهر أنّ الأول مصرّع بالمعنى العروضي أيضاً، لأنّ العروض التي قلنا إنّ صورتها في بحر الطويل مقبوضة (مفاعلن)، قد تخلّت عن هذه الصورة، وأخذت صورة خاصّة بالضرب هي (مفاعي)، في حين احتفظ المطلع الثاني بالصورة المقبوضة (مفاعلن)، ومن ثمّة فهو مقفّى فقط، ولا تصريع فيه بالمعنى العروضي. والدّليل على أنّ تفعيلة العروض في المطلع الأول، أخذت صورة خاصّة بالضرب، هو أنّه بدءاً من البيت الثاني، نجد العروض عادت إلى صورتها المقبوضة (مفاعلن)، والسبب في عودتها إلى صورتها، هو أنّ البيت الذي عادت فيه مصمت، أي لا يشتمل على قافية في الصدر.

بعد توضيح معنى البيت المصرّع والمقفى، نعود إلى وعي القدماء بحضور التضمين الداخلي في إطاره فقط، فمن مظاهر الوعي المتقدّم بحضور التضمين الداخلي حصراً في البيت المقفى أو المصرّع، ما نجده لدى ابن رشيق، الذي ربط عيوب القافية بالتصريع، واستشهد لكل منها ببيت مصرع. قال: «والتصريع يقع فيه من الإقواء، والإكفاء، والإيطاء، والسناد، والتضمين، ما يقع في القافية»[93].

فكلام ابن رشيق، ينسحب فيه على باقي العيوب التي ذكرها ما ينسحب على التضمين، وهو الارتباط بالقافية في نهاية الشطر الأول. كما نستخلص من كلامه أنّ وقوع التضمين داخلياً، ليس أمراً جديداً، وإنما انتبه له القدماء، ومنهم ابن رشيق وغيره.

إذا كان ابن رشيق هنا، خصّص مساحة ضيقة للتضمين الداخلي بين العيوب، فإنّ ابن الأثير خصّص له مساحة أكبر في دراسته للتصريع، راصداً حالات التعالق الممكنة بين الشطرين في حضور القافية، ومستشهداً لها. فهو في حديثه عن التصريع جعله سبع مراتب، وتدقيق النظر فيها وفي شواهدها، يظهر أنّ ستّاً منها تتصل بثلاثة عيوب للقافية، وواحدة بما سلم منها. فأربع مراتب منها تهم التضمين الداخلي (2 – 3 – 4 – 6)، ومرتبتان إحداهما تخص عيب الإيطاء (5)، والثانية تخص عيب التجميع (7)، والمرتبة الأولى (1) تهمّ ما سلم من عيوب القافية، وتدخل ضمن ما سمّاه العمري تحديداً بالاتساق الداخلي، الذي يحدث فيه تطابق بين التقطيع النظمي والتمفصل الدلالي على مستوى الشطرين، أي استقلال كل منهما بنفسه.

قال ابن الأثير عن التصريع: «هو عندي ينقسم إلى سبع مراتب، وهو شيء لم يذكره على هذا الوجه أحد غيري. فالمرتبة الأولى وهي أعلى من التصريع درجة، أن يكون كل مصراع من البيت مستقلاً بنفسه في فهم معناه، غير محتاج إلى صاحبه الذي يليه، ويسمى التصريع الكامل (...) فإنّ كل مصراع من هذا البيت مفهوم المعنى بنفسه، غير محتاج إلى ما يليه. المرتبة الثانية: أن يكون المصراع الأول مستقلاً بنفسه، غير محتاج إلى الذي يليه، فإذا جاء الذي يليه

كان مرتبطاً به (...)، فالمصراع الأول غير محتاج إلى الثاني في فهم معناه، لكن لما جاء الثاني صار مرتبطاً به (...). المرتبة الثالثة: أن يكون الشاعر مخيّراً في وضع كل مصراع موضع صاحبه، ويسمى التصريع الموجّه (...)، فإن البيت يُجعل مصراعه الأول ثانياً، ومصراعه الثاني أوّلاً (...). المرتبة الرابعة: أن يكون المصراع الأول غير مستقل بنفسه، ولا يفهم معناه إلا بالثاني، ويسمى التصريع الناقص، وليس بمرضيّ ولا حسن (...) فإنّ المصراع الأول لا يستقل بنفسه في فهم معناه، دون أن يذكر المصراع الثاني (...). المرتبة السادسة: أن يذكر المصراع الأول، ويكون معلقاً على صفة يأتي ذكرها في أول المصراع الثاني، ويسمى التصريع المعلق»⁽⁹⁴⁾.

بهذا يظهر كيف أنّ ابن الأثير، تحدّث عن التضمين الداخلي الذي يجري داخل البيت في حديثه عن التصريع، مميزاً فيه بين أربع مراتب فاضل بينها، وحديثه هنا راعى مفهوم التضمين من جانبيه، جانب عدم انتهاء التركب والدلالة بين الشطرين، وجانب وقوع ذلك في حضور القافية في نهاية الشطر الأول، وليس كما فعل الأستاذ العمري حين أغفل الجانب الثاني، وإغفاله له جعله يتحدّث عن تضمين داخلي غير موجود، لأنه اعتبر الدلالة والتركيب فقط، وهمّش حضور القافية، وهو حضور مركزي في مفهوم التضمين وفي كل حديث عنه.

إنّ الخطأ الذي ارتكبه الناقد العمري في اعتقادنا، هو خطأ في اختيار النص الذي بنى عليه التضمين الداخلي، وهو نص لثعلب، يشير إلى نفس العناصر تقريباً التي في نص ابن الأثير، لكن في

سياق غير سياق التصريع، هو سياق المفاضلة بين الأبيات، والسياق فاصل هنا، لأنّ سياق التصريع يمنحنا التضمين الداخلي الحقيقي لوجود القافية في الأبيات المصرّعة، بينما أيّ سياق غيره، ولنسمّه سياق التصميت، وفيه تندرج المفاضلة لدى ثعلب ـ والتنصيف لدى التبريزي كما سنرى ـ يمنحنا التضمين الداخلي الوهمي الذي تغيب فيه القافية في نهاية الشطر، ويستمر التركيب والدلالة في الشطر الثاني. وسوء اختيار النص، من سوء فهم مفهوم التضمين العروضي، إذ ركّز العمري على التركيب والدلالة، وأغفل القافية، رغم إقراره باتصال التضمين بعيوب القافية في كلام تقدّم، ما جعله يتوهّم وجود تضمين داخلي، وهو غائب لغياب القافية. يؤكد سوء الفهم حديثه عن التدوير الذي عرِف قديماً بالمداخل والمدمج، باعتباره صورة من صور التضمين، والحال أنّ وجود التدوير يعني غياب القافية في نهاية الشطر، وغيابها يعني غياب التضمين. قال العمري: «أغلب القدماء نظروا إلى اختراق الجملة للمقاطع النظمية، فسموا ذلك مجازاً وإدماجاً ومداخلة، وهي كلها صور من التضمين»[95]. فإذا كان كلامه صحيحاً بالنسبة إلى المجاز (التضمين المعجمي)، فإن ذلك غير صحيح عن المدمج أو المداخل.

لتأكيد تحليلنا السابق، وإبراز أنّ القدماء كانوا أكثر وعياً بالتضمين الداخلي، فجعلوه حصراً لنمط البيت المصرّع أو المقفى، نأخذ ناقداً قديماً هو التبريزي، الذي اعتمده الأستاذ العمري في حديثه عن التضمين الخارجي، لكنه لم ينتبه إلى أنّ للرجل حديثاً آخر عمّا يجري داخل البيت من عمليات، وهو حديث مشابه تقريباً لحديث ثعلب، لكنه ليس في سياق التصريع، وإنما في سياق التصميت، الذي لا يرتبط

هنا بالمفاضلة كما عند ثعلب، وإنما بما سماه التبريزي بـ(التنصيف)، لذلك قلنا إنّ السياق حاسم في التضمين الداخلي، وأنّ الأخير حصرٌ لسياق التصريع.

إنّ التبريزي وهو العروضي المتمكن، لم يتحدّث عن تلك العمليات الداخلية التي رصدها بين شطري البيت بالتضمين، لوعيه بغياب الجانب العروضي (القافية)، وحضور الجانب التركيبي والدلالي فقط. وهذا هو المستوى الثاني في نقاشنا مع الناقد محمد العمري، حين قال إنّ القدماء الذين تحدثوا «عن العلاقة بين التقطيع والتمفصل على مستوى الأبيات، لم يتحدثوا عما يجري من داخل الأبيات إلا نادراً، ومن خاض منهم في البناء الداخلي تبنى ما روعي على المستوى الخارجي»[96] والحال أنّ التبريزي، لم يتبنّ ما تحدث عنه في التضمين الخارجي – وقد رأيناه سابقاً – خلال حديثه عمّا يجري على المستوى الداخلي بين شطري البيت كما سنرى الآن، وآية ذلك أنه لم يعتبر المستوى الداخلي تضميناً، مثلما اعتبر المستوى الخارجي.

لقد وقف التبريزي في شرحه لديوان المتنبي، عند سبع عمليات تجري بين الشطرين داخل البيت، عمليتان منها تتصلان بتر الكلمة بين الشطرين، بسبب التقطيع النظمي للشطر، وخمس عمليات تتصل بالتمفصل الدلالي، لم يصطلح لها بالتضمين للعلة السابقة، وإنما جعل لها مصطلحاً جامعاً يشير إلى نوع التقطيع النظمي وهو (التنصيف)، إشارة إلى نصف البيت أي الشطر، ثم ألحق بهذا المصطلح صفة تبيّن نوع عملية التمفصل الدلالي، فتحدّث عن سبعة تنصيفات، منها

تنصيفان يخصان ظاهرة التدوير، هما تنصيف الاقتطاع وتنصيف الإدماج، لتبقى خمسة تنصيفات تتصل بعدم انتهاء التركيب والدلالة بين الشطرين.

إنّ نص التبريزي حول أنواع التنصيف التي تجري داخل البيت، كما هو في شرحه لديوان المتنبي، فيه بعض البياضات، التي يحيل المحقق عليها بالقول إنّ الكلام غير واضح في مخطوطة التحقيق، غير أنّ هذا النص، كتِب له أن يرد بتمامه في كتاب القوافي للإربِلي، الذي جعله ملحقاً بآخر الكتاب، ويقِرّ بأنه أخذه عن ابن الخشاب النحوي (ت 567هـ) ووجده بخطّه، وابن الخشّاب النحوي هذا، هو صاحب كتاب (الرد على التبريزي في تهذيب الإصلاح)، أي كتاب (تهذيب إصلاح المنطق) للتبريزي. ولذلك فإنّنا سنحيل بشكل مزدوج إلى أصله لدى التبريزي، ومصدر نقله لدى الإربلي. قال التبريزي: «التنصيف على سبعة أضرب»[97]، وقال الإربلي: «تنصيف الأبيات ينقسم إلى سبعة أقسام: تنصيف البيان، والتنصيف التام، والتنصيف المحتاج، وتنصيف الاقتضاء، وتنصيف الإدماج، وتنصيف الاقتطاع، وتنصيف السكت»[98].

إذا علمنا معنى تنصيفي الإدماج والاقتطاع، وأنهما يخصان انقسام الكلمة بين الشطرين، مع فرق أنّ الأول، مرتبط بانقسام الكلمة التي تترك أداة التعريف في نهاية الصدر، والثاني للكلمة التي لا أداة تعريفٍ فيها، فإنّ التنصيفات الخمسة الباقية لدى التبريزي مرتبطة بالمعنى؛ فتنصيف البيان إتمام للمعنى في الصدر، وشرح وتبيين له في العجز[99]. والتنصيف التام، ما جاء فيه المعنى تاماً مكتملاً

في الصدر، يمكن الاستغناء فيه عن معنى العجز [100]. والتنصيف المحتاج (الناقص)، ما احتاج فيه الصدر إلى العجز لإتمام المعنى [101]. وتنصيف الاقتضاء، هو وقوف بالمعنى في نهاية الصدر، على حرف شديد التعلق بما في بداية العجز، مثل (قد) أو (الذي) أو (في) [102]. أما تنصيف السكت [103]، فاختيار السكوت بالمعنى عند نهاية الصدر، لابتداء العجز بهمزة وصل [104].

إنّ ما قام به التبريزي هنا، يعكس فصلاً نظرياً وتطبيقياً بين (التنصيف)، الذي يشتمل ضمن أقسامه على التدوير (الإدماج + الاقتطاع)، ولا يقع إلا في البيت المصمت، وبين التضمين الداخلي، الذي رأيناه لدى ابن الأثير في إطار البيت المصرّع. وبتعبير أوضح، إنّ نص ابن الأثير، نص عن التضمين الداخلي الحقيقي، الذي يحدث بين شطري البيت المصرع أو المقفى، أي في حضور القافية. أمّا نص التبريزي، فهو عن «التضمين الداخلي الوهمي»، الذي يقع بين شطري البيت المصمت، في غياب القافية، أي إنّ نص ابن الأثير راعى مفهوم التضمين جملة وتفصيلاً بجانبيه التركيبي الدلالي والعروضي (القافية)، بينما نص التبريزي، راعى غياب الجانب العروصي ووجود الجانب التركيبي الدلالي فقط، فلم يطلق مصطلح التضمين، وإنما أطلق مصطلح (التنصيف)، وربط كل قسم منه بصفة من صفات العلاقة التركيبية الدلالية التي بين الشطرين كما تقدّم.

نرى أن خطأ الأستاذ محمد العمري، هو اختياره للاشتغال على التضمين الداخلي، نصاً مشابهاً لنص التبريزي، هو نص ثعلب في (قواعد الشعر) [105]، الذي يفتقر مثله مثل نص التبريزي، إلى مفهوم

التضمين الداخلي الحقيقي، لأنّ سياق التصميت لديهما، مفاضلة أو تنصيفاً، يحضر فيه جانب واحد من مفهوم التضمين، هو عدم انتهاء التركيب والدلالة بين الشطرين، بينما سياق التصريع (ابن الأثير) يحضر فيه مفهوم التضمين بجانبيه: عدم اكتمال التركيب والدلالة بين الشطرين، ووقوع ذلك في حضور القافية في نهاية الشطر الأول. ولذلك فقد كان على الأستاذ العمري، أن يشتغل بنص ابن الأثير في التضمين الداخلي، لأن صورة من صور البديع فيه (التصريع)، تحقق التفاعل بين التقطيع النظمي (الشطر)، والتمفصل الدلالي (التضمين الحقيقي) بشكل دقيق، حيث يتدخل البديع (التصريع)، لفصل التضمين الداخلي عن التضمين المعيب، ويحقق له الشاعرية التي قال بها العمري، بل إنّ مصطلح (المصراع) الذي اشتغل به ابن الأثير، يبدو لنا أكثر دلالة على وجود التضمين من مصطلح (الشطر) الذي اشتغل به الأستاذ العمري، لما له من ارتباط بـ(التصريع) الذي يعني حضور القافية.

نرى أنّ الذين استحضروا كلاً من ابن الأثير والتبريزي في دراستهما للتضمين، اهتموا بحديثهما عنه في المستوى الخارجي، وأغفلوا حديثهما عما يجري من عمليات على المستوى الداخلي، مع فرق أنّ الأول تحدث عنها في إطار التصريع أو البيت المصرع، ما حقق المفهوم الحقيقي للتضمين، والثاني تحدث عنها في معرض شرحه لبيت مدوّر من قصيدة للشاعر المتنبي، أي في إطار البيت المصمت، ما جعل القافية تغيب لنجد تضميناً وهمياً.

إنّ ما استخلصناه من مستويي هذا النقاش، يستوجب تعديلاً في

خطاطة التضمين السابقة لدى الأستاذ العمري، وهو تعديل أحسّ به الأستاذ، وقام بتمرير بعضه في صمت دون تفسير يذكر، ولنلحظ ذلك من خلال الفارق بين الخطاطتين السابقتين، اللتين نعيد استحضارهما هنا:

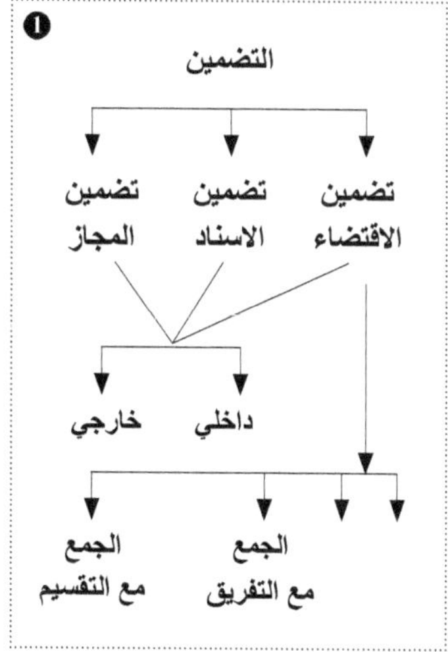

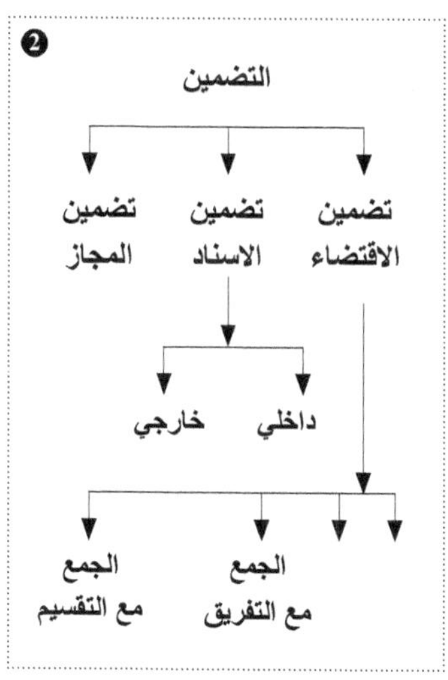

إن تأمل خطاطتي الأستاذ العمري للتضمين، يظهر أنّ تعديلاً طرأ على الخطاطة الأولى في صياغتها الثّانية، وأنّه تعديل ارتبط بشكل خاص بالمستوى الداخلي للتضمين، فالرجل في الخطاطة الأولى، كان يشير إلى تضمين داخلي في الأقسام الثلاثة للتضمين الخارجي، بينما في الثانية قصره على قسم واحد فقط، هو تضمين الإسناد. ويبدو أنّ إسقاطه لسمة الداخلي عن القسمين الآخرين له ما يبرره، إذ اكتشف بخصوص تضمين الاقتضاء، وقوعه بين أكثر من بيت، وهنا يصعب أن نتحدّث عن تضمين داخلي وحدته الشطران، لأن الاقتضاء الدلالي يستغرق أكثر من بيت. أما بالنسبة إلى تضمين المجاز القائم على انشطار كلمة الروي، فوجد أنّ حديثه فيه عن شق

داخلي، يعني أنه يتحدث عن التدوير، وشتان بين التدوير والمجاز، لأنّ الأخير يمسّ وحدة البيت واستقلاله، ومن هنا عدّ قبيحاً، وهو تضمين لوجود القافية. بينما التدوير خلاف ذلك كله. ومن هنا أبقى فقط على التضمين الداخلي في مستوى تضمين الإسناد، معتقداً أنه في نأي عن أيّ إشكالات قد تثار، والحقيقة أنه هو الآخر ليس تضميناً داخلياً بالتصور الذي عالجه به الأستاذ العمري، لعدم خضوعه في هذا التصور لمفهوم التضمين بجانبيه كما فصلنا سابقاً، أي تناوله له في إطار البيت المصمت، الذي لا يحقق مفهوم التضمين الداخلي، وإنما نجده متحققاً في البيت المصرّع أو المقفى.

انطلاقاً مما تمت مناقشته في هذا المحور، نخلص هنا إلى إثبات خطاطة معدلة، نستثمر فيها نصي ابن الأثير والتبريزي، للتمييز في التضمين الداخلي بين تضمين حقيقي، وتضمين وهمي، ونستثمر فيها أيضاً أقسام البيت الشعري، إذ سنتخلى عن مصطلح (التنصيف) الذي قال به التبريزي، وسنعتمد مصطلح (التصميت) لأنه أكثر تداولية.

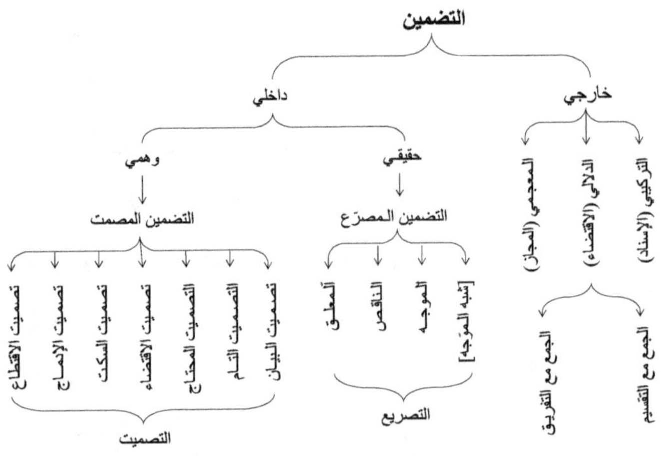

يبقى أمر أخير في حديث للعمري، ينصل بنوع سن أنواع التضمين الخارجي، هو تضمين المجاز (المعجمي)، حيث قال إنه: «أقصى ما يمكن أن يصل إليه بتر الوحدة الدلالية» [106]. واقترح بدله مصطلح الإدماج، حين قال: «ومصطلح إدماج الذي نقترحه هنا عوضاً لمصطلح مجاز، استعمل في دمج الشطرين، ولحمهما بكلمة تقع القاسمة وسطها، وسمي أيضاً المداخل» [107]، لكنه يعود ليطلق الإدماج على دمج الشطرين دلالياً، دون اشتراط جمعهما بكلمة منشطرة، ما يعني أنّنا أصبحنا أمام أربع دلالات للمصطلح، اثنتان قديمتان (تضمين الإسناد + التدوير)، واثنتان من اقتراح الأستاذ العمري (تضمين المجاز + تضمين داخلي). قال: «إننا نسعى لاستعماله كما يتبيّن من الحديث عن البنية التضمينية عند زهير، في معنى أوسع، يهتم باندماج الشطرين في وحدة دلالية، دون اشتراط جمعهما بكلمة، وإن كان بتر كلمة يمثل المظهر المثالي لإدماج الشطرين» [108].

ما نريد أن نقوله بخصوص ما انتهى إليه الأستاذ العمري هنا، من عدّ الإدماج اندماجاً لشطري البيت، دون اشتراط اشتراكهما في كلمة منشطرة، هو أنّ التبريزي بتحديده لأشكال التنصيف السابقة بين شطري البيت، وتمييزه فيها بين ما يشترط انقسام الكلمة، وما يتم خارج هذا الاشتراط بالاحتكام إلى المعنى فقط، دون اتصاله بانقسام الكلمة، يجعل اجتهاد الأستاذ العمري السابق في خبر كان، ذلك أنّ ما اعتبره استعمالاً للإدماج بمعنى أوسع، ضمّنه التبريزي في مصطلح التنصيف لديه، بل جعله خمس مراتب من أصل سبع،

جاعلاً مرتبتين لما يقع دمج الشطرين فيه بكلمة منشطرة، وهو ما لا يريده العمري. بمعنى آخر فإنّ التبريزي، جمع تحت اصطلاح (التنصيف)، الإطلاق القديم للمدمج الذي يشترط الدمج بانقسام كلمة، وجعله مرتبتين، والإطلاق المعاصر لدى الأستاذ العمري الذي لا يشترط الانقسام في الدمج، وجعله خمس مراتب، أي إنّه أدرج تحته الإطلاق الأوسع بتعبير الأستاذ العمري، بل فصّل في مراتبه.

عموماً إنّ الناقد العمري، قد درس التضمين الداخلي، وميّز فيه بين تضمين بين شطري البيت، وتضمين بين القرائن داخل الشطر الواحد، وقد وقفنا عند ما رأيناه قصوراً في دراسته حاولنا تجاوزه. وإذا أمكننا معالجة التضمين في مستوى الشطرين، لإمكانية حضوره فعلاً في إطار التصريع، وقد أوضحنا ما يحكمه، فإنّ الحديث عن وجود تضمين داخلي بين القرائن غير ممكن، لأنه لا يحضر فيه مفهوم التضمين كاملاً، إذ يفتقد الجانب العروضي المحكوم بالقافية، التي لا ترد بين القرائن أو الترصيعات في الحشو، ونعني القافية بتعريف الخليل، التي لها موضعان، أحدهما إلزامي هو تفعيلة الضرب، وهنا نحصل على التضمين الخارجي، وثانيهما اختياري هو تفعيلة العروض، عندما يصرع الشاعر البيت، وهنا نحصل على التضمين الداخلي.

لذلك فإنّ ما تحدث عنه الأستاذ العمري من تضمين بين القرائن أو الترصيعات، هو شبيه بحديث التبريزي السابق، مع الفرق أن الوحدة في حديث التبريزي هي الشطر (التنصيف)، والوحدة في حديث العمري هي القرينة أو الترصيعة. وهنا نقترح على الأستاذ العمري

أن نأخذ مصطلح ترصيع، ونضيف إليه صفة من صفات عدم اكتمال الدلالة والتركيب كما فعل التبريزي مع مصطلح التنصيف، لكن ليس للحديث عن «تضمين ترصيعي»، فهو غير وارد، وإنما فقط لدراسة العمليات التي تقع بين القرائن أو الترصيعات، كما فعل التبريزي في مستوى الشطرين.

ختاماً حول التضمين، نقول إنه كان تلبية لحاجة ملحّة، تطلّبتها الفاعلية الشعرية، التي كانت محكومة بمعايير ترفض استمرار الدلالة في التدفّق، حيث أدرك الشاعر العربي المعاصر، أنّه مُطالب بأن ينصت إلى حركة تجربته الشعرية في اضطرابها وهدوئها، قبل أن ينصت إلى مقاييس النقد، فكثيراً ما استلزمت طبيعة تجربته الشعرية، توقيفاً للمعنى، لكنه كان يضطرّ إلى الإيغال لإكماله، وكثيراً أيضاً ما استلزمت اندفاعاً للمعنى خارج حدود القافية، لكنه يجد نفسه مدفوعاً إلى احتواء هذا الاندفاع بطريقة تحوّل الكتابة الشعرية إلى تلاؤم فسري بين الوزن العروضي والتجربة المنطلقة[109]، دون مراعاة لظروف الإبداع النفسية، غير أنّ ثورة الإيقاع في الشعر المعاصر، خلقت واقعاً نصياً جديداً للتضمين، حرّره من صلابة الهيكل النحوي المغلق، وهو واقع يتحدّى بلاغة الخطاب المحدثة، التي عليها أن تجتهد في كشف نظمه وقوانين إنتاجه[110]. ويمكن تكثيف خلاصات هذا الكتاب في ما يلي:

ـ التضمين ظاهرة لها واقع نصي قديم، لكن الواقع النصي المعاصر فرض فهماً معاصراً لها في ارتباط بظواهر أخرى منها القافية والتدوير.

– التضمين في الشعر المعاصر لم يفهمه الدارسون المعاصرون، بسبب إغفال محورية القافية، وعدم فهم وضعيتها المعاصرة هي الأخرى.

– التضمين في الشعر المعاصر أصبح قسمين، أحدهما حقيقي تحضر فيه القافية، والثاني وهمي تغيب فيه.

– نماذج التضمين في الشعر العربي القديم تحتاج إلى إعادة دراسة وفق سياقات بلاغة الخطاب المحدثة، التي تكشف أنّ التضمين فيها كانت له سياقاته، التي فرضتها طبيعة التجارب.

– الشعراء المعاصرون كثفوا من استعمال التضمين، ولم يكن غائباً عنهم تصنيف القدماء له عيباً، ما يعني أنّ ما كان يعدّ عيباً أصبح مستحسناً، وفرض نفسه بما يشبه الحتمية الفنية.

الهوامش:

1 – ظاهرة الشعر الحديث، المجاطي، ص 181 – 182.

2 – قضية الشعر الجديد، محمد النويهي، ص 97 و276.

3 – في بلاغة القصيدة المغربية، مصطفى الشليح، 1999م، ص 301.

4 – حركية الإيقاع، حسن الغرفي، ص 129.

5 – يشير مترجما الكتاب في هامش الصفحة 60 إلى ما يلي: «هذا لا يطابق تعريف التضمين في العربية، وتسامحنا في الترجمة لتشابه الأمثلة»، ولعلّ هذا أيضاً ما انتبه له محمد بنّيس، حين اعتبر التضمين جانباً فقط من القانون الثاني، وليس القانون الثاني كلّه كما سنوضح لاحقاً.

6 – بنية اللغة الشعرية، جون كوهين، ص 60.

7 – الصوت القديم الجديد: دراسات في الجذور العربية لموسيقى الشعر الحديث، عبد الله الغذامي، ص 57 – 58.

8 – موسيقى الشعر بين الاتباع والابتداع، شعبان صلاح، ص 393.

9 – الشعر قنديل أخضر، نزار قباني، ص 32 و38.

10 – المرجع نفسه، ص 38 – 39.

11 – قصتي مع الشعر، نزار قباني، ص 183.

12 – الشعر قنديل أخضر، نزار قباني، ص 32.

13 – ظاهرة الشعر المعاصر في المغرب، محمد بنيس، ص 210.

14 – هذا القانون هو ثاني القوانين الثلاثة التي تحدّث عنها محمد بنيس في تناوله لبنية البيت الشعري في القصيدة المغربية المعاصرة، فالقانون الأول يقوم على

احترام الوقفة الدلالية والنظمية والعروضية، بحيث يخلو البيت فيه من التضمين، أمّا القانون الثاني فلا تنسجم فيه الوقفة الدلالية والنظمية مع الوقفة العروضية، وهو قانون يخترقه التضمين، ثم القانون الثالث، ويقوم على تحطيم الوقفات الثلاث، فيجتمع فيه إلى جانب التضمين ما أطلقت عليه نازك الملائكة التدوير.

15 – ظاهرة الشعر المعاصر في المغرب، محمد بنيس، ص 60.

16 – القصيدة المغربية المعاصرة، عبد الله راجع، ج 1، ص 122 – 123.

17 – موسيقى الشعر العربي، شكري عياد، ص 135 – 136.

18 – القصيدة العربية المعاصرة: بين هاجس التنظير وهاجس التجريب، علي المتقي، ص 110 وهوامشها.

19 – قضايا الشعر المعاصر، نازك الملائكة، ص 42.

20 – المرجع السابق نفسه، ص 42.

21 – المرجع السابق نفسه، ص 166.

22 – هو قصيدة بعنوان (القصيدة الضائعة) لفؤاد رفقة، منشورة بمجلة شعر سنة 1958م، وقد يكون لظاهرة التضمين التي انتقدتها نازك لبروزها بشكل حاد في القصيدة، علاقة تعكس الضياع المعبر عنه في عنوانها، أي قد يكون التضمين حاضراً لبعد فني فيها وليس لمسألة التضمين في حدّ ذاته. انظر القصيدة وتحليل نازك لها في كتابها قضايا الشعر المعاصر، ص 167 – 168.

23 – قضايا الشعر المعاصر، نازك الملائكة، ص 169.

24 – المرجع السابق نفسه، ص 171.

25 – القصيدة المغربية المعاصرة، عبد الله راجع، ج 1، ص 122 – 123.

26 – قضايا الشعر المعاصر، نازك الملائكة، ص 10.

27 – قضيّة الشعر الجديد، محمد النويهي، ص 285.

28 – تطور البنية الإيقاعية في القصيدة العربية المعاصرة، ناصر الحميدي ومحمد العرابي، ص 175.

29 – المرجع السابق نفسه، ص 174.

30 – كتاب القوافي، التنوخي، ص 79.

31 – كتاب في علم العروض، ابن القطاع، ص 9.

32 ــ العمدة، ابن رشيق، ج 1، ص 134.

33 ــ الوافي في القوافي، ابن الفرخان، ص 72.

34 ــ سايكولوجية الشعر، نازك الملائكة، ص 109.

35 ــ الكافي في علم القوافي، الشنتريني، ص 33.

36 ــ كتاب القوافي وعللها، المازني، ص 158.

37 ــ العقد الفريد، ابن عبد ربه، ج 6، ص 343.

38 ــ كتاب القوافي، التنوخي، ص 70.

39 ــ كتاب القوافي، التميمي، ص 357.

40 ــ كتاب القوافي، الحميري، ص 131.

41 ــ كتاب في علم العروض، ابن القطاع، ص 9.

42 ــ سر الفصاحة، ابن سنان، ص 286.

43 ــ القافية الحقيقية والقافية الوهمية، محمد مراح، ص 1.

44 ــ أوراق الزيتون، ديوان محمود درويش، ص 105.

45 ــ سايكولوجية الشعر، نازك الملائكة، ص 131

46 ــ المرجع السابق نفسه، ص 134.

47 ــ سايكولوجية الشعر، نازك الملائكة، ص 85.

48 ــ القافية الحقيقية والقافية الوهمية، محمد مراح، ص 3.

49 ــ قضايا الشعر المعاصر، نازك الملائكة، ص 186.

50 ــ المرجع السابق نفسه، ص 118.

51 ــ سايكولوجية الشعر، نازك الملائكة، ص 141.

52 ــ المرجع السابق نفسه، ص 132.

53 ــ المرجع السابق نفسه، ص 131.

54 ــ ديوان لماذا تركت الحصان وحيداً؟، محمود درويش، ص 353 ــ 354.

55 ــ الحاشية الكبرى، الدمنهوري، ص 98.

56 ــ قضايا الشعر المعاصر، نازك الملائكة، ص 42.

57 – ديوان محمود درويش: أوراق الزيتون، ص 61.

58 – قصيدة (إلـى الفاريز)، محمد السـرغيني، جريدة العلـم، 1964م، نقلاً عن ظاهرة الشعر المعاصر في المغرب، محمد بنيس، ص 57 – 58.

59 – أنشودة المطر، ديوان بدر شاكر السياب، ج 2، ص 105 – 106.

60 – الأعمال الشعرية الكاملة، فدوى طوقان، ص 21 – 22.

61 – الأعمال الشعرية الكاملة، فدوى طوقان، ص 300 – 301.

62 – المجموعة الشعرية، أحمد مطر، ص 54.

63 – الشعر الحرّ في الخليج العربي، صباح إسيود البشير، ص 136.

64 – عن بناء القصيدة العربية الحديثة، علي عشري زايد، ص 181 – 182.

65 – القصيدة المغربية المعاصرة، عبد الله راجع، ج 1، ص 124 و151.

66 – القصيدة العربية الحديثة، محمد صابر عبيد، ص 162.

67 – الشعر الحرّ في العراق، يوسف الصائغ، ص 192-193.

68 – الجملة في الشعر العربي، محمد حماسة عبد اللطيف، ص 169.

69 – قضية الشعر الجديد، محمد النويهي، ص 278.

70 – موسيقى الشعر العربي، حسني يوسف، ص 231.

71 – موسيقى الشعر العربي، حسني يوسف، ص 235.

72 – التدوير وبحور الشعر، أبو فراس النطافي، ص 533.

73 – المرجع السابق نفسه، ص 536.

74 – الاتجاهات الجديدة في الشعر العربي المعاصر، عبد الحميد جيدة، ص 302.

75 – المرجع السابق نفسه، الصفحة ذاتها.

76 – القصيدة التشكيلية في الشعر العربي، محمد نجيب التلاوي، ص 317.

77 – المرجع السابق نفسه، الصفحة ذاتها.

78 – كتاب القوافي، الإربلي، ص 210.

79 – أزمة الحداثة في الشعر العربي الحديث، المجاطي، ص 27.

80 – ظاهرة الشعر الحديث، المجاطي، ص 194.

81 – قصيدة (أغنية إلى حب قديم)، أحمد المجاطي، مجلة شــروق، ع 2، 1965م، ص 17، نقلاً عن محمد بنيس، ظاهرة الشعر المعاصر في المغرب، ص 61.

82 – تفاعــل الصــوت والدلالة في البنية الإيقاعية للشـعر، محمـد العمري، ص 4950 –.

83 – الخطاطة الأولى ممسوحة من كتابه (تحليل الخطاب الشـعري) ص 230، والثانية من مقاله (تفاعل الصوت والدلالة في البنية الإيقاعية للشعر)، ص 50.

84 – الموازنات الصوتية في الرؤية البلاغية والممارسة الشعرية، محمد العمري، ص 138.

85 – تفاعل الصوت والدلالة في البنية الإيقاعية للشعر، محمد العمري، ص 49.

86 – المرجع السابق نفسه، الصفحة ذاتها.

87 – تفاعل الصوت والدلالة في البنية الإيقاعية للشعر، محمد العمري، ص 59.

88 – الحاشية الكبرى، الدمنهوري، ص 99.

89 – لسان العرب، ابن منظور، ص 2434.

90 – تاج العروس، مرتضى الزبيدي، ج 21، ص 334 – 335.

91 – شرح ديوان علقمة بن عبدة الفحل، ص 23.

92 – ديوان سقط الزند، أبو العلاء المعرّي، ص 193.

93 – العمدة، ابن رشيق، ج 1، ص 176.

94 – المثل السائر، ابن الأثير، ج 1، ص 259 – 261.

95 – تفاعل الصوت والدلالة في البنية الإيقاعية للشعر، محمد العمري، ص 48.

96 – المرجع السابق نفسه، ص 49.

97 – الموضح في شرح شعر أبي الطيب المتنبي، التبريزي، ج 3، ص 67.

98 – كتاب القوافي، الإربلي، ص 211ـ212.

99 – الموضح للتبريزي، ج 3، ص 67، والقوافي للإربلي، ص 212.

100 – الموضح للتبريزي، ج 3، ص 68، والقوافي للإربلي، ص 212.

101 – الموضح للتبريزي، ج 3، ص 68، القوافي للإربلي، ص 212.

102 ــ الموضح للتبريزي، ج 3، ص 69، والقوافي للإربلي، ص 212.

103 ــ الموضح للتبريزي، ج 3، ص 71، والقوافي للإربلي، ص 213.

104 ــ انظر الشـواهد الشـعرية الخاصـة بأنواع التنصيف السـبعة المذكورة في المصدرين معاً في الصفحات السابقة.

105 ــ قواعد الشعر، ثعلب، ص 66 ــ 87.

106 ــ تفاعل الصوت والدلالة في البنية الإيقاعية للشعر، محمد العمري، ص 58.

107 ــ المرجع نفسه، ص 59.

108 ــ الموازنات الصوتية، محمد العمري، ص 236.

109 ــ القصيدة المغربية المعاصرة، عبد الله راجع، ج 1، ص 104ـ103.

110 ــ بلاغة الخطاب وعلم النص، ص 2.

المصادر والمراجع

– ابن الأثير (ضياء الدين):

المثل السائر في أدب الكاتب والشاعر، تحقيق: بدوي طبانة وأحمد الحوفي، دار نهضة مصر، القاهرة، د. ت.

– الإربلي (أبو الحسن):

كتاب القوافي، تحقيق ودراسة: عبد المحسن فرّاج القحطاني، الشركة العربية للنشر والتوزيع، ط 1، 1997م.

– الأنباري (أبو البركات):

اللّمعة في صنعة الشّعر، تحقيق: حاتم الضامن، دار البشائر، دمشق، ط 1، 2002م.

– الأندلسي (ابن عبد ربه):

العقد الفريد، تحقيق مفيد قميحة، دار الكتب العلمية، بيروت، ط 1، 1983، ج 6.

– الأنصاري (ابن هشام):

شرح بانت سعاد، ضبط إغناطيوس كويدي، لأيْسْبِيغْ (ألمانيا)، 1871م.

– البشير (صباح أسيود):

الشعر الحرّ في الخليج العربي، الأكاديمية للنشر، المفرق (الأردن)، 1999م.

– البغدادي (عبد القادر):

حاشية على شرح بانت سعاد، تحقيق: نظيف محرّم خواجة، دار صادر، بيروت، ط 1، 1990م، ج 2.

– بنّيس (محمد):

ظاهـرة الشـعر المعاصر في المغـرب: مقاربة بنيـة تكوينيـة، دار العودة، بيروت، ط 1، 1979م.

– التبريزي (الخطيب):

* الكافـي في العروض والقوافي، تحقيق: الحسّـاني عبـد الله، مكتبة الخانجي، القاهرة، ط 3، 1994م.

* الموضح في شـرح شـعر أبـي الطيب المتنبـي، تحقيق: خلـف نعمان، دار الشؤون الثقافية العامة، ط 1، بغداد، 2002م، ج 3.

– التلاوي (محمد نجيب):

القصيدة التشكيلية في الشعر العربي، الهيئة المصرية العامة للكتاب، 2006م.

– التميمي (أبو القاسم الطيب):

كتّاب القوافي، تحقيق: عبد الحسـين جاسـم، مجلة كلية الآداب، ع 21، م 1، دار الجاحظ، بغداد، 1977م.

– التنوخي (أبو يعلى):

كتـاب القوافي، تحقيـق: عوني عبد الـرؤوف، مكتبة الخانجـي، مصر، ط 2، 1978م.

– ثعلب (أبو العباس أحمد):

قواعد الشـعر، تحقيق: رمضان عبـد التواب، مكتبة الخانجـي، القاهرة، ط 2، 1995م.

– الجرجاني (عبد القاهر):

دلائل الإعجاز، تحقيق: محمود شاكر، مطبعة المدني – دار المدني، القاهرة – جدّة، ط 3، 1982م.

– ابن الجزري (الحافظ):

النشـر في القراءات العشر، تحقيق: علي الضباع، دار الكتب العلمية، بيروت، د. ت، ج 1.

– ابن جني (أبو الفتح عثمان):

الخصائص، تحقيق: محمد علي النجار، دار الكتب المصرية، د. ت، ج 1+ج 2.

– الجوهري (أبو النصر بن حماد):

كتاب القوافي، تحقيق: سـليمان أبو سـتة، مجلة الدراسات اللغوية، الرياض، م 8، ع 3، 2006م.

– جيدة (عبد الحميد):

الاتجاهات الجديدة في الشـعر العربي المعاصر، مؤسسة نوفل، بيروت، ط 1، 1980م.

– الحلبي (نجم الدين بن الأثير):

جوهـر الكنـز، تحقيـق: محمـد زغلول سـلّام، منشـأة المعارف الإسـلامية، الإسكندرية، د. ت.

– الحميدي (ناصر) وآخر (محمد العرابي):

تطور البنية الإيقاعية في القصيدة العربية المعاصرة، مؤسسة الانتشار العربي – النادي الأدبي، بيروت – الباحة، ط 1، 2012م.

– الحميري (نشوان):

كتـاب القوافي، تحقيق محمد شـريف، كتاب العروض دراسـة تطبيقية، مكتبة الشباب، 1984م.

– الخفاجي (ابن سنان):

سر الفصاحة، دار الكتب العلمية، بيروت، ط 1، 1982م.

– درويش (محمود):

* أوراق الزيتون، ديوان محمود درويش، دار العودة، بيروت، د. ت.

* لماذا تركت الحصان وحيداً؟، منشـورات رياض الريس، لندن – بيروت، ط 1، 2009م.

* عصافير بلا أجنحة، ديوان محمود درويش، دار العودة، بيروت، 1971م.

– ابن دريد (أبو بكر محمد):

تعليـق أمالي ابن دريـد، تحقيق: مصطفـى السنوسـي، ط 1، المجلس الوطني للثقافة، الكويت، 1984م.

– الدمنهوري (محمد):

الإرشـاد الشـافي على متـن الكافي فـي علمي العـروض والقوافي (الحاشـية الكبرى)، المطبعة الميمنية، القاهرة، 1899م.

ـ ابن الدهان (أبو محمد):

الفصول في القوافي، تحقيق صالح حسين العابد، دار إشبيليا، الرياض، ط 1، 1998م.

ـ الذبياني (النابغة):

ديوان النابغة الذبياني، شـرح: عبّاس عبد السـاتر، دار الكتب العلمية، بيروت، ط 2، 1986م.

ـ راجع (عبد الله):

القصيـدة المغربيـة المعاصـرة: بنية الشـهادة والاستشـهاد، دار قرطبة، الدار البيضاء، ط 1، 1987م، ج 1.

ـ زايد (علي عشري):

عن بناء القصيدة العربية الحديثة، مكتبة ابن سـينا للطباعة والنشر، القاهرة، ط 4، 2002م.

ـ الزبيدي (المرتضى):

تـاج العـروس من جواهـر القامـوس، تحقيق: عبـد العليم الطحـاوي، مطبعة الكويت، 1984م، ج 21.

ـ السكاكي (أبو يعقوب يوسف):

مفتـاح العلوم، تحقيق: عبد الحميد هنداوي، دار الكتب العلمية، بيروت، ط 1، 2000م.

ـ السياب (بدر شاكر):

ديوان بدر شاكر السياب، دار العودة، بيروت، 2016م.

ـ شكر (ديمة):

القافية هي الأصل، مجلة الكرمل، العدد 87، 2006م.

ـ الثليح (مصطفى):

في بلاغة القصيدة المغربية، مطبعة المعارف الجديدة، الرباط، ط 1، 1999م.

ـ الشنتريني (ابن السرّاج):

* الكافـي في علـم القوافي، الشـنتريني، تحقيـق: علاء رأفـت، دار الطلائع، القاهرة، ط 1، 2003م.

* المعيار في أوزان الأشعار، تحقيق: محمد رضوان الداية، دار الأنوار، بيروت، د. ت.

– الشنتمري (الأعلم):

شرح ديوان علقمة بن عبدة الفحل، تحقيق: حنّا نصر الحيتي، دار الكتاب العربي، بيروت، ط 1، 1993م.

– الصائغ (يوسف):

الشعر الحرّ في العراق: منذ نشأته حتى عام 1958م، منشورات اتحاد الكتاب العرب، دمشق، 2006م.

– صلاح (شعبان):

موسيقى الشعر بين الاتباع والابتداع، دار غريب، القاهرة، ط 4، 2005م.

– طوقان (فدوى):

الأعمال الشعرية الكاملة، المؤسسة العربية للدراسات والنشر، بيروت، ط 1، 1993م.

– ابن عباد (الصاحب):

الإقناع في العروض وتخريج القوافي، مطبعة التضامن، القاهرة، ط 1، 1987م.

– ابن عبد البر:

أبو العتاهية، أشعاره وأخباره، تحقيق: شكري فيصل، دار الفلاح، 1965م.

– العبيدي (عبيد الله):

الوافي في علمي العروض والقوافي، تحقيق: صباح يحيى إبراهيم باعامر، رسالة جامعية، 1999م، ج 2.

– عتيق (عبد العزيز):

علم البديع، دار النهضة، بيروت، د. ت.

– العزّام (هاشم):

التضمين العروضي، مجلة جامعة أمّ القرى، م 19، عدد 43، 1428هـ.

– عزّة (كثيّر):

ديوان كثير عزّة، تحقيق: إحسان عباس، دار الثقافة، بيروت، 1971م.

– العسكري (أبو هلال):

كتــاب الصناعتيــن: الكتابة والشــعر، تحقيق: علي محمد البجــاوي ومحمد أبو الفضل إبراهيم، دار إحياء الكتب العربية، القاهرة، ط 1، 1952م.

– العمري (محمد):

* تفاعل الصوت والدلالة في البنية الإيقاعية للشعر: التقطيع النظمي والتمفصل الدلالي، مجلة دراسات سيميائية أدبية ولسانية، ع 4، 1990م.

* الموازنات الصوتية في الرؤية البلاغية والممارسة الشعرية، إفريقيا الشرق، الدار البيضاء – بيروت، 2001م.

– عياد (شكري):

موسـيقى الشـعر العربي: مشروع دراسـة علمية، دار المعرفة، القاهرة، ط 2، 1978م.

– الغذّامي (عبد الله):

الصوت القديم الجديد: دراسـات في الجذور العربية لموسـيقى الشعر الحديث، سلسـلة كتاب الرياض، عدد 66، مطابع مؤسسة اليمامة الصحفية، الرياض، 1999م.

– الغرفي (حسن):

حركية الإيقاع في الشعر العربي المعاصر، دار إفريقيا الشرق، الدار البيضاء، 2001م.

– الفاسي (علال):

ديوان علال الفاسي، جمع وتحقيق: عبد العلي الودغيري، 1983م، ج 1.

– ابن الفرخان (جمال الدين):

الوافـي في القوافي، تحقيق: عمر خلوف، دار الكتـب الوطنية، أبوظبي، ط 1، 2010م.

– فضل (صلاح):

بلاغة الخطاب وعلم النص، سلسلة عالم المعرفة، الكويت، 1992م.

– قبّاني (نزار):

* الشعر قنديل أخضر، منشورات نزار قباني، بيروت، ط 16، 2000م.

* قصتي مع الشعر، منشورات نزار قباني، بيروت، ط 9، 2000م.

– القرطاجني (حازم):

* الباقـي من كتاب القوافي، تحقيق: علي لغزيوي، دار الأحمدية للنشـر، الدار البيضاء، ط 1، 1997م.

* منهاج البلغاء وسراج الأدباء، تحقيق: محمد الحبيب بن الخوجة، دار الغرب الإسلامي، بيروت، ط 2، 1981م.

– ابن القطاع (أبو القاسم الصقلي):

كتــاب في علم العروض، مخطــوط ضمن (مجموع في العروض)، رقم 1685، ممسوح ضوئياً، بدون مصدر.

– القيرواني (ابن رشيق):

العمدة في محاسـن الشـعر وآدابه، تحقيق: محمد محيي الدين عبد الحميد، دار الجيل، بيروت، ط 5، 1981م، ج 1.

– كنون (عبد الله):

النبوغ المغربي في الأدب العربي، دار الكتاب اللّبناني، بيروت، ط 2، 1961م، ج 3.

– كنوني (محمد العياشي):

شـعرية القصيدة العربية المعاصرة: دراسة أسـلوبية، دار عالم الكتب الحديث، إربد، ط 1، 2010م.

– كوهين (جون):

بنيـة اللغة الشـعرية، ترجمة: محمد الوالي ومحمد العمـري، دار توبقال، الدار البيضاء، ط 1، 1986م.

– ابن كيسان (أبو الحسن):

تلقيــب القوافـي وتلقيب حركاتها، تحقيـق: إبراهيم السـامرائي، مطبوع ضمن كتاب: رسائل ونصوص في اللغة والأدب والتاريخ، ط 1، مكتبة المنار، الزرقاء (الأردن)، 1988م.

– عبد اللطيف (محمد حماسة):

الجملة في الشعر العربي، مكتبة الخانجي، القاهرة، ط 1، 1990م.

– لوتمان (يوري):

تحليل النص الشعري: بنية القصيدة، ترجمة: محمد فتوح أحمد، دار المعارف، القاهرة، 1995م.

- ليلى (مجنون – قيس بن الملوح):

ديوان مجنون ليلى، رواية أبي بكر الوالبي، دار الكتب العلمية، بيروت، 1999م، ط 1.

- المازني (أبو عثمان):

كتــاب القوافي وعللهـا، تحقيق: حنا بن جميل حدّاد، مجلة آفاق الثقافة والتراث، العدد 66، دبي، 2009م.

- المتقي (علي):

القصيـدة العربية المعاصرة: بيـن هاجس التنظير وهاجس التجريب، المكتبة والوراقة الوطنية، مراكش، ط 1، 2009م.

- المجاطي (أحمد المعداوي):

* أزمة الحداثة في الشـعر العربي الحديث، الشـركة المغربية للطباعة والنشر، الرباط، ط 1، 1993م.

* ظاهرة الشـعر الحديث، شركة النشـر والتوزيع المدارس، الدار البيضاء، ط 1، 2002م.

- مرّاح (محمد):

القافية الحقيقية والقافية الوهمية، محاضرة مخطوطة، 2016م.

- المرزباني (أبو عبد الله محمد):

الموشـح في مآخذ العلماء على الشعراء، تحقيق: محمد شمس الدين، دار الكتب العلمية، بيروت، ط 1، 1995م.

- مطر (أحمد):

المجموعة الشعرية، دار الحريّة، بيروت، ط 1، 2011م.

- المعري (أبو العلاء):

* سقط الزند، دار بيروت، بيروت، 1957م.

* الفصول والغايات، تحقيق: محمود حسين زناتي، دار الآفاق الجديدة، بيروت، د. ت.

- الملائكة (نازك):

* سايكولوجية الشعر ومقالات أخرى، دار الأمل للطباعة والنشر، 2000م.

* قضايا الشعر المعاصر، دار العلم للملايين، بيروت، ط 5، د. ت.

ـ ابن منظور (جمال الدين):

لسان العرب، تحقيق: عبد الله علي الكبير وآخرين، دار المعارف، طبعة جديدة، القاهرة، د. ت.

ـ النطافي (أبو فراس):

التدوير وبحور الشعر، مجلة جامعة الملك سعود، م 6، 1994م.

ـ النويهي (محمد):

قضية الشعر الجديد، مكتبة الخانجي ـ دار الفكر، ط 2 (مزيدة ومنقّحة)، 1971م.

الفهرس

رؤية جديدة لشعرية التضمين العروضي 5

مدخل 9

التضمين في الشعرية القديمة 13

1 – مفهوم التضمين في المدونات القديمة 15

2 – معيبية التضمين في النقد القديم 16

3 – أقسام التضمين في الحضور النصي القديم 18

4 – اعتبارات الاستحسان في التضمين 38

5 – أسلوبية التضمين المعيب 45

التضمين في الشعرية المعاصرة 57

1 – التضمين في المدونات الحديثة: 59

2 – ضبط التضمين في الشعر المعاصر 69

المصادر والمراجع 153